# キャンパス 韓国語

캠퍼스한국어

### 第2版

曺美庚
李希娅 著

JN191305

音声ダウンロード

▶ 動画配信有

CAMPUS
KOREAN

白帝社
HAKUTEISHA

# In publication

## 第2版　刊行にあたり

　毎日のように太陽がシャンシャンと照り続けるカリフォルニアで第2版の出版の時期を迎えることとなりました。『キャンパス韓国語』初版を準備していた2005年の九州大学六本松時代から早くも15年余りの年月が経っています。あの頃は、日韓ワールドカップやドラマ「冬のソナタ」の影響もあって、韓国への関心が最高潮に高まっており、買い物やランチがてらに韓国を旅する人も多い時期でした。あれからかなりの年月を経た今もこの本への関心が続いており、第2版が準備できることは誠に嬉しくありがたいことでございます。

　第2版では、一部の文法説明を見直し、学習者にとってより分かりやすい説明となるよう心がけました。また、巻末に「日韓単語リスト」を加え、学習者が韓国語の作文練習をする手助けとなるよう工夫しました。

　この本は、詳細な説明とともに、同じ表現を繰り返し練習できるよう多くの例題を提示しているため、時間的制約がある授業の運用では各課の練習を宿題とし、学習者自らが練習に取り組むよう促すことをお勧めします。もちろん、大学での授業内のみならず一人でも十分に学習できる内容および構成となっています。なお、不規則表現は最後に例示されている場合が多いので、授業あるいは練習の際にはあらかじめこの点を念頭に置いておくとより学習効果が高まるでしょう。

　韓国の若者は日本のアニメを通して、日本の若者はK-POPやKドラマを通して、お互いの社会や文化に好感を持って互いを理解し合えるようになりました。ここ数年政治的な様々な問題で国同士の交流や社会的雰囲気はかなり萎縮しているように感じます。しかし、このような時代だからこそ個々人の草の根的な交流が重視され、それが支えとなって、お互いから学び合い共存共栄できる道を切り開いていけるのではないかと考えます。私は、この本で韓国語を学ぶ読者のみなさんに小さいながらも明るい望みを託します。韓国語の学習を通して韓国と韓国文化について少しでも理解が深まることを願うしだいです。もちろん私も日本をより深く理解し、日本の良さを韓国の知人や友人たちに広く伝えていきたいと思います。

　最後になりますが、第2版の出版に際し、細部にわたり文章や表現を入念に確認して下さった白帝社の伊佐順子氏に心より深く感謝申し上げます。

2019年7月吉日

カリフォルニア州立大学　ノースリッジ校のヤシの木の木陰で

曺　美庚

### ■5刷刊行に際して

　以前は混用されていた分かち書きのうち、国立国語院の「標準国語大辞典」に合成語として登録されたものについては、同辞典に準拠し本文中の分かち書きに修正を加えました。

2023年秋　著者

# Introduction

## まえがき

　近年、韓流ブームの影響により電車や空港の案内表示、飲食店の看板、TVコマーシャルなど、街のいたるところでハングル文字を見かけるようになりました。一角では、韓国食ランチやお茶、エステ、韓国語の会話がちょっとしたお洒落にもなりました。ランチと買い物で昼間の数時間だけを韓国で楽しむ日帰りプチ旅行が盛況のようです。さらに、円安とウォン高を背景に、韓国からの観光客が大勢日本を訪れています。韓国語を学ぶとしたら今がチャンスといえるでしょう。日韓が互いに興味を持って接近しているということは、互いを理解し合いながら受け入れ、共存共栄を志向するための基盤ができあがってきたということを意味するのではないでしょうか。このような時期に、『キャンパス韓国語』と『キャンパス韓国語ワークブック』を出版することができ、著者としては誠に喜ばしい限りです。数多くの韓国語教材の中でも、本書は、とりわけ大学のキャンパスで韓国語を学んでいる学習者を想定しつつ、コミュニケーション能力の向上と文法の基礎固めの両方に力を注いでいます。韓国語教育は、ともすると流暢性か正確性のいずれかに偏りがちですが、大学における著者らの長年のティーチング経験をベースに、バランスの取れた本格的な大学テキストとして仕上げました。

　本書は全22課で、週2回の通年授業を想定した構成となっています。第1課〜第4課までは、文字や発音を無理なく学習できるよう、イラストや書く練習のコーナーをたくさん設けました。前期は第11課までをカバーし、文法の基本柱を学習できるように編集しました。後期は第12課〜第22課までとなっており、大学生活や日韓文化の相違を随時取り上げることで、異文化理解を促すよう心掛けました。そういった意味では、大学における韓国語テキストとして最適の書であると考えられます。各課は、[포인트 표현 ポイント表現]、[Dialogue 本文会話]、[문법 文法]、[연습 練習]、[말하기 話す]、[듣기 聞く]から構成されています。

### 포인트 표현　ポイント表現

　各課の学習目標表現として、「ポイント表現」を示しました。

### Dialogue　本文会話

　大学生活や日韓文化の相違を随時取り上げ、異文化理解を促すとともに、「発音規則」のコーナーも設け、重要な発音の規則が身につくようにしました。「表現及び単語」のコーナーでは、「単語原形＋接続語尾」を提示することで今後の学習の参考になるようにしました。

### 문 법　文 法

　各課で使用されている3〜4個の文法事項について、例を示しながらわかりやすく解説してい

ます。「文法」説明部分と「練習問題」を併用することで、学生の参加や理解度が高まり、大きな学習効果が期待できます。

## 연 습　練 習

文法事項や文型を熟知させることが狙いです。この項目では、特に[会話形式]を採用することで、楽しく効率よく文型表現が身につき、自然に意思疎通ができるように工夫を凝らしました。

## 말하기　話 す

教室内での多様なインタラクティブな活動を通じて、各課における学習の習熟度をチェックするとともに、コミュニケーション能力の向上を図ります。二人一組のロールプレイが基本となっています。

## 듣 기　聞 く

各課の学習の終わりに、さまざまなシチュエーションを想定したリスニング・パートを設け、聴き取り能力の向上を図りました。

さらに、別冊のワークブックとセットで学習すれば、一層高い学習効果が期待できます。

## キャンパス韓国語ワークブック

テキスト『キャンパス韓国語』に完全対応したワークブックです。各課は、「①主題別語彙練習」、「②重要な文型練習」、「③重要な文法練習」、「④作文練習」から構成されています。週2回授業ならテキストとのセット利用がお勧めで、週1回の授業なら宿題や自学自習の補助教材としても活用できます。イラストや会話形式を多用することで、学習の楽しさアップとコミュニケーション能力の向上を目指しています。

本書は、日本国内で出版されたこれまでの韓国語教材には見られない(あるいは稀に見る) 4つのユニークな特徴を備えています。第1に、イラスト・ベースの学習をモットーにしているため、本文中に出てくるイラストの数が圧倒的に多いこと。第2に、文型練習が会話形式でできているため、教室を出てすぐに文型が使えること。第3に、「読む」「書く」「話す」「聴く」の4ジャンルがすべて盛り込まれ、統合的な学習を志向していること。第4に、テキストに完全対応したワークブックが用意されていること、などです。これらの特徴を十分に生かすことで、本書が読者の皆さんの韓国語学習に大いに役立つことをお祈りします。

最後に、本書が出来上がるまで物心両面から支援を惜しまず、著者らのわがままを幾度となく受け入れて下さった白帝社の伊佐順子氏に心より感謝申し上げます。

九州大学六本松の研究室にて

曺　美庚

李　希妌

# Contents

## 목 차 目次

■ 音声と動画配信について ......................................................... 8

第1과　모음 1　母音1 ......................................................... 9

第2과　자음 1　子音1 ......................................................... 13

第3과　자음 2 / 모음 2　子音2 / 母音2 ......................................................... 20

第4과　받침과 발음 규칙　パッチム(終声)と発音規則 ......................................................... 27

第5과　저는 우에다입니다.　私は上田です。 ......................................................... 37

第6과　지수씨, 공부합니까?　チスさん、勉強しますか。 ......................................................... 47

第7과　학교에 기숙사가 있습니까?　学校に寮がありますか。 ......................................................... 57

第8과　오후에 뭐 해요?　午後、何をしますか。 ......................................................... 69

第9과　토요일에 뭐 했어요?　土曜日に何をしましたか。 ......................................................... 79

第10과　이 바지 얼마예요?　このズボンいくらですか。 ......................................................... 91

第11과　아르바이트는 몇 시부터예요?　アルバイトは何時からですか。 ......................................................... 103

第12과　사진 보여 주세요.　写真見せてください。 ......................................................... 113

第13과　김치찌개를 먹고 싶어요.　キムチチゲが食べたいです。 ......................................................... 123

第14과　김치찌개가 생각보다 맵네요.　キムチチゲが思ったより辛いですね。 ......................................................... 136

第15과　약은 드셨어요?　薬はお飲みになりましたか。 ......................................................... 145

第16과　축제 때 뭐 할 거예요?　大学祭のとき何をするつもりですか。 ......................................................... 155

第17과　테니스를 칠 수 있어요?　テニスができますか。 ......................................................... 165

第18과　소개팅을 한 적이 있어요?　合コンをしたことがありますか。 ......................................................... 177

第19과　어머니께 선물하려고 해요.　お母さんにプレゼントしようと思っています。 ......................................................... 187

第20과　길 좀 가르쳐 주시겠어요?　道を教えていただけますか。 ......................................................... 197

第21과　떡국은 숟가락으로 먹어야 해요.　トックはスプーンで食べなければなりません。 ......................................................... 207

第22과　한국 문화를 체험하고 싶은데요.　韓国の文化を体験したいのですが。 ......................................................... 217

■ 付録 （듣기 聞く パートの台本) ......................................................... 225

■ 단어색인　韓日単語索引 ......................................................... 244

　　　　　日韓単語リスト ......................................................... 260

## 교재구성

| 단원 | 제 목 | 목 표 | 문 법 |
|---|---|---|---|
| 1 | 한글 모음1 | ■ 한글 익히기 | ■ 아, 어, 오, 우, 으, 이, 에, 애<br>야, 여, 요, 유, 예, 얘 |
| 2 | 한글 자음1 | ■ 한글 익히기 | ■ ㄱ, ㄴ, ㄷ, ㄹ, ㅁ, ㅂ, ㅅ, ㅈ, ㅎ |
| 3 | 한글 자음2<br>모음2 | ■ 한글 익히기 | ■ ㅋ, ㅌ, ㅍ, ㅊ<br>■ ㄲ, ㄸ, ㅃ, ㅆ, ㅉ<br>■ ㅘ, ㅝ, ㅐ, ㅔ, ㅚ, ㅟ, ㅢ |
| 4 | 한글 받침/발음 규칙 | ■ 한글 익히기 | ■ ㄱ, ㄴ, ㄷ, ㄹ, ㅁ, ㅂ, ㅇ |
| 5 | 저는 우에다입니다. | ■ 자기 소개하기<br>■ 격식체로 긍정/부정<br>말하기① | ■ −입니까?, −입니다<br>■ −가/이 아닙니까?, −가/이 아닙니다<br>■ −는/은　　　■ −도 |
| 6 | 지수 씨, 공부합니까? | ■ 격식체로 긍정/부정<br>말하기② | ■ −(스)ㅂ니까? , −(스)ㅂ니다<br>■ −지 않다<br>■ −를/을 |
| 7 | 학교에<br>기숙사가 있습니까? | ■ 위치 말하기<br>■ 지시 표현 말하기<br>■ 소유 표현 말하기 | ■ 있다/없다<br>■ 지시 표현 (이, 그, 저)<br>■ −가/이 ■ −에 ■ −의 ■ −와/과<br>■ 'ㄹ' 변칙 |
| 8 | 오후에 뭐 해요? | ■ 비격식체로<br>긍정/부정 말하기<br>■ 장소 표현 말하기 | ■ −아/어/여요<br>■ 안<br>■ −에　　　　　■ −에서 |
| 9 | 토요일에 뭐 했어요? | ■ 과거의 일 말하기<br>■ 사건의 전후관계 표현<br>■ 요일 표현하기 | ■ −았/었/였−<br>■ −아/어/여서<br>■ −는/은요?<br>■ 'ㅂ' 변칙 |
| 10 | 이 바지 얼마예요? | ■ 물건사기<br>■ 날짜/전화번호 말하기<br>■ 비격식체로<br>긍정/부정 말하기<br>■ 명령하기 | ■ 수사 1　　■ 조수사 (단위 명사)<br>■ −예요/이에요<br>■ −가/이 아니에요<br>■ −(으)세요/−(으)십시오<br>■ −하고 |
| 11 | 아르바이트는<br>몇 시부터예요? | ■ 시간 말하기<br>■ 이유 표현하기<br>■ 계획/의지 말하기 | ■ 수사 2　　　■ 조수사 (단위 명사)<br>■ −부터−까지　■ −(으)니까<br>■ −겠−　　　　■ '으' 변칙 |
| 12 | 사진 보여 주세요. | ■ 이유 표현하기<br>■ 정중히 부탁하기 | ■ −아/어/여서<br>■ −아/어/여 주세요<br>■ −(이)요?　　　■ −(으)로 |
| 13 | 김치찌개를<br>먹고 싶어요. | ■ 제안하기<br>■ 희망 표현하기<br>■ 목적 표현하기<br>■ 대조해서 말하기 | ■ −(으)ㄹ까요?<br>■ −(으)ㅂ시다<br>■ −고 싶다　　　■ −지만<br>■ −(으)러　　　■ −(이)나 |

| 단원 | 제 목 | 목 표 | 문 법 |
|------|-------|-------|------|
| 14 | 김치찌개가 생각보다 맵네요. | ■ 음식 주문하기<br>■ 존경 표현하기<br>■ 추측 표현하기<br>■ 비교 표현하기<br>■ 감탄 표현하기 | ■ −(으)시−<br>■ −겠−<br>■ −보다<br>■ −네요 |
| 15 | 약은 드셨어요? | ■ 아픈 증상 말하기<br>■ 존경 과거 표현하기<br>■ 금지 표현하기<br>■ 제안하기<br>■ 나열 · 순서 표현하기 | ■ −(으)셨−<br>■ −지 마세요<br>■ −아/어/여 보다<br>■ −고 |
| 16 | 축제 때 뭐 할 거예요? | ■ 계획/예정 표현하기<br>■ 허락 표현하기<br>■ 의지 표현하기<br>■ 형용사 관형형 표현 | ■ −(으)ㄹ 거예요<br>■ −아/어/여도 되다<br>■ −(으)ㄹ게요<br>■ −(으)ㄴ |
| 17 | 테니스를 칠 수 있어요? | ■ 취미 말하기<br>■ 가능/능력 표현하기<br>■ 동작의 진행 표현하기<br>■ 조건 표현하기<br>■ 선택 표현하기 | ■ −(으)ㄹ 수 있다/없다<br>■ 못 /−지 못하다<br>■ −고 있다<br>■ −(으)면　■ −거나　■ −(이)랑<br>■ 'ㄷ'변칙 |
| 18 | 소개팅을 한 적이 있어요? | ■ 이상형 말하기<br>■ 과거의 경험 말하기<br>■ 동사 관형형 표현 | ■ −(으)ㄴ 적이 있다/없다<br>■ −(으)ㄴ/−는/−(으)ㄹ |
| 19 | 어머니께 선물하려고 해요. | ■ 쇼핑하기<br>■ 의도 표현하기<br>■ 허락 구하기 | ■ −(으)려고 하다<br>■ −아/어/여 봐도 되다<br>■ 'ㅎ'변칙 |
| 20 | 길 좀 가르쳐 주시겠어요? | ■ 길 찾기<br>■ 주고 받는 표현하기<br>■ 정중하게 요청하기<br>■ 상황 설명하기<br>■ 방향 표현하기 | ■ −을/를 주다<br>■ −아/어/여 주다<br>■ −아/어/여 주시겠어요?<br>■ −(으)ㄴ/는데<br>■ −(으)로 |
| 21 | 떡국은 숟가락으로 먹어야 해요. | ■ 당위 표현하기<br>■ 금지 표현하기<br>■ 확인하기<br>■ 감탄 표현하기 | ■ −아/어/여야 하다/되다<br>■ −(으)면 안 되다<br>■ −지요?<br>■ −군요/−는군요<br>■ '르' 변칙 |
| 22 | 한국 문화를 체험하고 싶은데요. | ■ 추측하기<br>■ 동시동작 표현하기 | ■ −(으)ㄹ까요?<br>■ −(으)ㄹ 거예요<br>■ −(으)면서 |

## 教材構成

| 単원 | 제 목 | 목 표 | 문 법 |
|---|---|---|---|
| 1 | ハングル母音1 | ■ ハングルの学習 | ■ 아, 어, 오, 우, 으, 이, 에, 애<br>야, 여, 요, 유, 예, 얘 |
| 2 | ハングル子音1 | ■ ハングルの学習 | ■ ㄱ, ㄴ, ㄷ, ㄹ, ㅁ, ㅂ, ㅅ, ㅈ, ㅎ |
| 3 | ハングル子音2<br>母音2 | ■ ハングルの学習 | ■ ㅋ, ㅌ, ㅍ, ㅊ<br>■ ㄲ, ㄸ, ㅃ, ㅆ, ㅉ<br>■ 와, 워, 왜, 웨, 외, 위, 의 |
| 4 | ハングルパッチム<br>発音の規則 | ■ ハングルの学習 | ■ ㄱ, ㄴ, ㄷ, ㄹ, ㅁ, ㅂ, ㅇ |
| 5 | 私は上田です。 | ■ 自己紹介<br>■ かしこまった形式の<br>肯定/否定表現① | ■ −입니까?, −입니다<br>■ −가/이 아닙니까?, −가/이 아닙니다<br>■ −는/은　　　　■ −도 |
| 6 | チスさん、<br>勉強しますか。 | ■ かしこまった形式の<br>肯定/否定表現② | ■ −(스)ㅂ니까?, −(스)ㅂ니다<br>■ −지 않다<br>■ −를/을 |
| 7 | 学校に<br>寮がありますか。 | ■ 位置表現<br>■ 指示表現<br>■ 所有表現 | ■ 있다/없다<br>■ 指示表現 (이, 그, 저)<br>■ −가/이　■ −에　■ −의　■ −와/과<br>■ 'ㄹ' 変則 |
| 8 | 午後、何をしますか。 | ■ うちとけた形式の<br>肯定/否定表現<br>■ 場所表現 | ■ −아/어/여요<br>■ 안<br>■ −에　　　　　■ −에서 |
| 9 | 土曜日に<br>何をしましたか | ■ 過去表現<br>■ 事柄の前後関係の表現<br>■ 曜日 | ■ −았/었/였−<br>■ −아/어/여서<br>■ −는/은요?<br>■ 'ㅂ' 変則 |
| 10 | このズボン<br>いくらですか | ■ 買い物<br>■ 日時/電話番号の表現<br>■ うちとけた形式の<br>肯定/否定表現<br>■ 命令表現 | ■ 数詞 1　　　■ 助数詞<br>■ −예요/이에요<br>■ −가/이 아니에요<br>■ −(으)세요/−(으)십시오<br>■ −하고 |
| 11 | アルバイトは<br>何時からですか。 | ■ 時間表現<br>■ 理由表現<br>■ 計画/意志表現 | ■ 数詞 2　　　■ 助数詞<br>■ −부터−까지　■ −(으)니까<br>■ −겠−　　　　■ '으' 変則 |
| 12 | 写真<br>見せてください。 | ■ 理由表現<br>■ 丁寧なお願い表現 | ■ −아/어/여서<br>■ −아/어/여 주세요<br>■ −(이)요?　　■ −(으)로 |
| 13 | キムチチゲが<br>食べたいです。 | ■ 勧誘表現<br>■ 願望表現<br>■ 目的表現<br>■ 逆接表現 | ■ −(으)ㄹ까요?<br>■ −(으)ㅂ시다<br>■ −고 싶다　　■ −지만<br>■ −(으)려　　■ −(이)나 |

| 単元 | 제 목 | 목 표 | 문 법 |
|---|---|---|---|
| 14 | キムチチゲが思ったより辛いですね。 | ■ 注文<br>■ 尊敬表現<br>■ 推量・推測表現<br>■ 比較表現<br>■ 感嘆表現 | ■ –(으)시–<br>■ –겠–<br>■ –보다<br>■ –네요 |
| 15 | 薬はお飲みになりましたか。 | ■ 病気について<br>■ 尊敬過去表現<br>■ 禁止表現<br>■ 提案表現<br>■ 並列・順序表現 | ■ –(으)셨–<br>■ –지 마세요<br>■ –아/어/여 보다<br>■ –고 |
| 16 | 大学祭のとき何をするつもりですか。 | ■ 計画/予定表現<br>■ 許可/承諾表現<br>■ 意志表現<br>■ 形容詞の連体表現 | ■ –(으)ㄹ 거예요<br>■ –아/어/여도 되다<br>■ –(으)ㄹ게요<br>■ –(으)ㄴ |
| 17 | テニスができますか。 | ■ 趣味について<br>■ 可能/能力表現<br>■ 動作の進行<br>■ 条件表現<br>■ 選択表現 | ■ –(으)ㄹ 수 있다/없다<br>■ 못 /–지 못하다<br>■ –고 있다<br>■ –(으)면　　■ –거나　■ –(이)랑<br>■ 'ㄷ'変則 |
| 18 | 合コンをしたことがありますか。 | ■ 理想形について<br>■ 経験表現<br>■ 動詞の連体表現 | ■ –(으)ㄴ 적이 있다/없다<br>■ –(으)ㄴ/–는/–(으)ㄹ |
| 19 | お母さんにプレゼトしようと思っています。 | ■ 買い物<br>■ 意図表現<br>■ 許可表現 | ■ –(으)려고 하다<br>■ –아/어/여 봐도 되다<br>■ 'ㅎ' 変則 |
| 20 | 道を教えていただけますか。 | ■ 道案内<br>■ 授受表現<br>■ 丁寧な要請表現<br>■ 状況の説明表現<br>■ 方向表現 | ■ –을/를 주다<br>■ –아/어/여 주다<br>■ –아/어/여 주시겠어요?<br>■ –(으)ㄴ/는데<br>■ –(으)로 |
| 21 | トックはスプーンで食べなければなりません。 | ■ 当為表現<br>■ 禁止表現<br>■ 確認表現<br>■ 感嘆表現 | ■ –아/어/여야 하다/되다<br>■ –(으)면 안 되다<br>■ –지요?<br>■ –군요/–는군요<br>■ '르' 変則 |
| 22 | 韓国の文化を体験したいのですが。 | ■ 推量・推測表現<br>■ 同時動作の表現 | ■ –(으)ㄹ까요?<br>■ –(으)ㄹ 거예요<br>■ –(으)면서 |

## 音声と動画配信について

■ 本書の音声ファイル(MP3)を無料でダウンロードすることができます。
「白帝社　キャンパス韓国語　第2版」で検索、または以下の音声一覧ページにアクセスしてください。

https://www.hakuteisha.co.jp/news/n31195.html

● 本文中の🎧マークの箇所が音声ファイル(MP3)提供箇所です。PCやスマートフォン(別途解凍アプリが必要)などにダウンロードしてご利用ください。
  ＊デジタルオーディオプレーヤーやスマートフォンに転送して聞く場合は、各製品の取り扱い説明書やヘルプ機能によってください。
  ＊各機器と再生ソフトに関する技術的なご質問は、各メーカーにお願いいたします。
  ＊本書と音声は著作権法で保護されています。

■ 本書の第5課から第22課までの、各課の DIALOGUE および 🎧듣기 聞く ② スキットの無料動画配信を行っています。
「白帝社　キャンパス韓国語　第2版」で検索、または以下の動画一覧ページにアクセスしてください。

https://www.hakuteisha.co.jp/news/n22895.html

配信箇所にはスマートフォンで読み取りができるQRコードを表示してあります。
＊この動画は、九州大学教育研究プログラム・研究拠点形成プロジェクトの助成により制作。

**DIALOGUE**

 1. 안녕하세요?

 2. 안녕하세요?

 3. 저는 우에다입니다. 이름이 무엇입니

 4. 저는 이수민입니다. 우에다 씨는 학

# 01 모음1

母音 1

## 1-1 文字の仕組み

韓国語の文字は母音と子音の組み合わせによって作られます。文字は必ず子音から始まり、「子音＋母音」または「子音＋母音＋子音」の組み合わせになります。最初の子音が初声であり、母音が中声、二度目の子音が終声の音になります。二度目の子音はパッチムとも言います。母音字は子音字の右か下に位置しますが、子音字の下にくる母音字は「ㅗ, ㅛ, ㅜ, ㅠ, ㅡ」の5つのみです。

## 1-2 単母音

| 母音 | 発音 | 発音の仕方 | 口の形 | 実際の字形 |
|---|---|---|---|---|
| ㅏ | [a] ア | 「ア」とほぼ同じ | | 아 |
| ㅓ | [ɔ] Ⓐ | 口を大きく開けて「オ」 | | 어 |
| ㅗ | [o] オ | 「オ」とほぼ同じ | | 오 |
| ㅜ | [u] ウ | 「ウ」とほぼ同じ | | 우 |
| ㅡ | [ɯ] Ⓥ | 口を横に広げて「ウ」 | | 으 |
| ㅣ | [i] イ | 「イ」とほぼ同じ | | 이 |
| ㅔ | [e] エ | 「エ」とほぼ同じ | | 에 |
| ㅐ | [ɛ] Ⓔ | 口を大きく広げて「エ」 | | 애 |

＊「ㅇ」は無音子音である。

9

練習1　音声を聞いて発音しましょう。

（2）

| 아 | 어 | 오 | 우 | 으 | 이 | 에 | 애 |

練習2　発音しながら書きましょう。

| 아 | ㅇ, ㅣ, 아 | | | | |
|---|---|---|---|---|---|
| 어 | ㅇ, ㅓ, 어 | | | | |
| 오 | ㅇ, ㅗ, 오 | | | | |
| 우 | ㅇ, ㅜ, 우 | | | | |
| 으 | ㅇ, 으 | | | | |
| 이 | ㅇ, 이 | | | | |
| 에 | ㅇ, ㅓ, 에 | | | | |
| 애 | ㅇ, 아, 애 | | | | |

練習3　発音しながら書きましょう。

| 아이<br>子供 | 아 이 | | | |
|---|---|---|---|---|
| 오이<br>きゅうり | 오 이 | | | |
| 아우<br>弟・妹 | 아 우 | | | |

10

第1課 모음 1

## 1-3　重母音1

単母音に [y] 音を加えたもので、「ヤ」行の発音になります。

| 母音 | 発音 | 参考 単母音 | 発音の仕方 | 実際の字形 |
|---|---|---|---|---|
| ㅑ | [ya] ヤ | ㅏ | 「ヤ」とほぼ同じ | 야 |
| ㅕ | [yɔ] ヨ | ㅓ | 口を大きく開けて「ヨ」 | 여 |
| ㅛ | [yo] ヨ | ㅗ | 「ヨ」とほぼ同じ | 요 |
| ㅠ | [yu] ユ | ㅜ | 「ユ」とほぼ同じ | 유 |
| ㅖ | [ye] イェ | ㅔ | 「イェ」とほぼ同じ | 예 |
| ㅒ | [yɛ] イェ | ㅐ | 口を大きく広げて「イェ」 | 얘 |

＊「ㅇ」は無音子音である。

練習4　音声を聞いて発音しましょう。

3

| 야　　여　　요　　유　　예　　얘 |
|---|

練習5　発音しながら書きましょう。

| 야 | ㅇ 이 아 야 | |
|---|---|---|
| 여 | ㅇ 어 여 여 | |
| 요 | ㅇ 오 유 요 | |
| 유 | ㅇ 으 우 유 | |
| 예 | ㅇ 어 여 예 | |
| 얘 | ㅇ 이 야 얘 | |

11

練習6　発音しながら書きましょう。

| 여우<br>きつね | 여 우 | | | |
|---|---|---|---|---|
| 우유<br>牛乳 | 우 유 | | | |
| 예<br>はい | 예 | | | |
| 여유<br>余裕 | 여 유 | | | |

練習7　音声を聞きながら発音してみましょう。

아　야　어　여　오　요　우　유　으　이　에　예　애　얘

練習8　音声の発音を聞いて、韓国語で書きましょう。

例）　아 이

1 ）　．．．．．．．．．．．．．．．．．．．．．．．

2 ）　．．．．．．．．．．．．．．．．．．．．．．．

3 ）　．．．．．．．．．．．．．．．．．．．．．．．

12

子音1

## 2-1 子音とは

　子音は全部で19個あり、平音が10個、激音が4個、濃音が5個です。子音は、必ず母音を伴って発音され、激音と濃音は平音より強い音で発音されます。

① 激音(ㅋ, ㅌ, ㅍ, ㅊ)は、平音(ㄱ, ㄷ, ㅂ, ㅈ)に一画加えて書きます(ㅍを除いて)。この激音は息を吐き出すように風を伴う発音であり、高音からスタートすると発音しやすいです。

② 濃音(ㄲ, ㄸ, ㅃ, ㅆ, ㅉ)は、平音(ㄱ, ㄷ, ㅂ, ㅅ, ㅈ)の文字を二つ重ねて書きます。この濃音は強い音であるけれども、息を吐き出さない詰まった感じの音です。実際、息を詰めた後に発音すると発音しやすいです。

　文字を書く時は、文字の仕組みを参考に正方形の中にバランスよく書きましょう。子音字は母音字の左か上に位置し、左に書く時は縦長でややスリムな形にしますが、上に書く時はどっさり母音字の上に乗っかるように書きましょう。子音字の下にくる母音字は「ㅗ, ㅛ, ㅜ, ㅠ, ㅡ」の5つのみです。

## 2−2　すべての子音

| 覚え順 | | 文字 | 語頭/語中 | 発音の説明 | 左書 | 上書 |
|:---:|:---:|:---:|:---:|:---|:---:|:---:|
| 平音 | ① | ㄱ | [ k / g ] | 語頭では「カ行」に近い発音<br>語中では「ガ行」に近い発音 | 가 | 고 |
| | ② | ㄴ | [ n ] | 「ナ行」に近い発音 | 나 | 노 |
| | ③ | ㄷ | [ t / d ] | 語頭では「タ行」に近い発音<br>語中では「ダ行」に近い発音 | 다 | 도 |
| | ④ | ㄹ | [ r / l ] | 「ラ行」に近い発音 | 라 | 로 |
| | ⑤ | ㅁ | [ m ] | 「マ行」に近い発音 | 마 | 모 |
| | ⑥ | ㅂ | [ p / b ] | 語頭では「パ行」に近い発音<br>語中では「バ行」に近い発音 | 바 | 보 |
| | ⑦ | ㅅ | [ s ] | 「サ行」に近い発音 | 사 | 소 |
| | ⑧ | ㅇ | 無 | 母音の前の語頭では、発音しない。<br>語の最後「パッチム」では、「ン」の発音 | 아 | 오 |
| | ⑨ | ㅈ=ス | [ ʧ / ʤ ] | 語頭では「チャ行」に近い発音<br>語中では「ジャ行」に近い発音 | 자 | 조 |
| 激音 | ❾ | ㅊ=ㅊ | [ ʧʰ ] | 息を強く吐き出しながら「チャ行」の発音 | 차 | 초 |
| | ❶ | ㅋ | [ kʰ ] | 息を強く吐き出しながら「カ行」の発音 | 카 | 코 |
| | ❸ | ㅌ | [ tʰ ] | 息を強く吐き出しながら「タ行」の発音 | 타 | 토 |
| | ❻ | ㅍ | [ pʰ ] | 息を強く吐き出しながら「パ行」の発音 | 파 | 포 |
| 平 | ⑩ | ㅎ | [ h ] | 「ハ行」の発音 | 하 | 호 |
| 濃音 | ㊀ | ㄲ | [ ʔk ] | 詰まって「ッカ行」の発音「サッカー」 | 까 | 꼬 |
| | ㊂ | ㄸ | [ ʔt ] | 詰まって「ッタ行」の発音「行ッタ」 | 따 | 또 |
| | ㊅ | ㅃ | [ ʔp ] | 詰まって「ッパ行」の発音「ハッパ」 | 빠 | 뽀 |
| | ㊆ | ㅆ | [ ʔs ] | 詰まって「ッサ行」の発音「マッサオ」 | 싸 | 쏘 |
| | ㊈ | ㅉ | [ ʔʧ ] | 詰まって「ッチャ行」の発音「まっちゃ」 | 짜 | 쪼 |

＊ [ kʰ ]などの小さなhは、激音であるというしるし。
　[ ʔk ]などのʔは、濃音であるというしるし。

14

## 2-3 子音1（平音）

19個の子音のうち、平音は10個です。

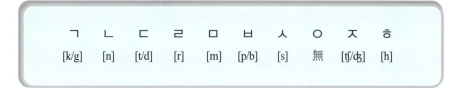

**練習1** 子音と母音を組み合わせて、発音しながら書きましょう。

| 書き順 | | ㅏ | ㅓ | ㅗ | ㅜ | ㅡ | ㅣ | ㅔ | ㅐ |
|---|---|---|---|---|---|---|---|---|---|
| ㄱ | | 가 | | | | | | | |
| ㄴ | | | 너 | | | | | | |
| ㄷ | | | | 도 | | | | | |
| ㄹ | | | | | 루 | | | | |
| ㅁ | | | | | | 므 | | | |
| ㅂ | | | | | | | 비 | | |
| ㅅ | | | | | | | | 세 | |
| ㅇ | | | | | | | | | 애 |
| ㅈ=ㅈ | | | | | | | | 제 | |
| ㅎ | | | | | | | 히 | | |

15

練習2　次の単語を発音しながら書きましょう。

| | |
|---|---|
| 개 犬 | 가수 歌手 |
| 나 私 | 너 あなた |
| 다리 脚 | 우리 私達 |
| 어머니 お母さん | 나무 木 |
| 비 雨 | 버스 バス |
| 새 鳥 | 주스 ジュース |
| 뉴스 ニュース | 요리 料理 |
| 하나 一つ | 호수 湖 |

第2과 자음 1

## 2-4 平音の有声音化

平音のうち、「ㄱ, ㄷ, ㅂ, ㅈ」の4つは、単語の語頭に使われる時は [k, t, p, tʃ] と発音され、単語の語中に使われる時は [g, d, b, dʒ] と発音されます。

| ㄱ, ㄷ, ㅂ, ㅈ | 語頭(単語の始め) → 濁らずに発音(無声音) [k, t, p, tʃ] |
| | 語中(単語の始め以外) → 濁った発音 (有声音) [g, d, b, dʒ] |

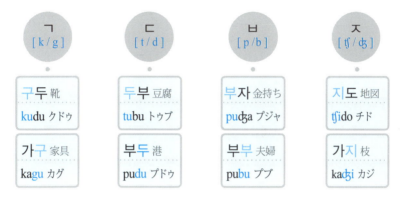

| ㄱ [k/g] | ㄷ [t/d] | ㅂ [p/b] | ㅈ [tʃ/dʒ] |
|---|---|---|---|
| 구두 靴 kudu クドゥ | 두부 豆腐 tubu トゥブ | 부자 金持ち pudʒa プジャ | 지도 地図 tʃido チド |
| 가구 家具 kagu カグ | 부두 港 pudu プドゥ | 부부 夫婦 pubu ププ | 가지 枝 kadʒi カジ |

**練習3** 次の単語の有声音化に注意し、発音しながら書きましょう。

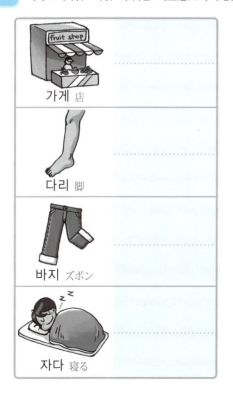

가게 店

야구 野球

다리 脚

구두 靴

바지 ズボン

아버지 お父さん

자다 寝る

모자 帽子

17

**練習4** 単語を読んで、有声音を見つけてみましょう。
その後、音声を聞きながら正しい発音練習をしましょう。

| | | | | | |
|---|---|---|---|---|---|
| 1) | ㄱ | 가수<br>歌手 | 구두<br>靴 | 가구<br>家具 | 고기<br>肉 |
| 2) | ㄴ | 나<br>私 | 너<br>あなた | 노래<br>歌 | 뉴스<br>ニュース | 누구<br>誰 |
| 3) | ㄷ | 다리<br>脚/橋 | 도시<br>都市 | 두부<br>豆腐 |
| 4) | ㄹ | 러시아<br>ロシア | 라디오<br>ラジオ |
| 5) | ㅁ | 머리<br>頭 | 메모<br>メモ | 메뉴<br>メニュー | 모자<br>帽子 |
| 6) | ㅂ | 비<br>雨 | 버스<br>バス | 바나나<br>バナナ | 바지<br>ズボン |
| 7) | ㅅ | 소리<br>音 | 사자<br>ライオン | 시계<br>時計 | 사다<br>買う | 수도<br>首都/水道 |
| 8) | ㅇ | 어머니<br>お母さん | 우유<br>牛乳 | 요리<br>料理 | 아버지<br>お父さん | 야구<br>野球 |
| 9) | ㅈ | 저<br>私 | 주스<br>ジュース | 주부<br>主婦 | 지도<br>地図 |
| 10) | ㅎ | 하나<br>一つ | 하마<br>カバ | 휴지<br>トイレットペーパー |

第2과 **자음 1**

**練習5**　上下左右の方向に単語が隠れています。次に示す単語を探しましょう。

例　**가수** 歌手

| 아 호 소 리 여 부 누 |
|---|
| 누 리 미 고 느 자 마 |
| 여 구 나 서 가 수 어 |
| 자 허 로 기 두 부 너 |
| 리 시 조 뉴 고 바 지 |
| 수 유 마 스 비 오 그 |
| 모 자 너 모 유 기 다 |
| 도 고 여 허 가 뉴 리 |

A
소리　音
여자　女子
모자　帽子
부자　金持ち
다리　脚/橋
바지　ズボン
뉴스　ニュース

B
구두　靴
우리　私達
오후　午後
도시　都市
호수　湖
가게　店
어머니　お母さん

| 구 두 기 러 유 사 노 |
|---|
| 너 어 호 겨 구 오 후 |
| 고 머 수 보 노 다 미 |
| 도 니 오 고 녀 머 부 |
| 시 저 야 누 다 우 리 |
| 유 리 느 구 히 두 가 |
| 래 호 셔 가 모 버 수 |
| 하 마 라 게 스 해 교 |

**練習6**　日本の地名や人名などの単語の音を韓国語で書いてみましょう。

1) 奈良 ................................　三重 ................................　青森 ................................

2) 島根 ................................　名古屋 ................................　広島 ................................

3) 井上 ................................　馬場 ................................　下村 ................................

4) 野村 ................................　田辺 ................................　長野 ................................

5) 花火 ................................　さざえ ................................　ものさし ................................

6) えだ ................................　メモ ................................　バナナ ................................

19

# 03 자음2

## 子音2

### 3-1 激音

　激音は、子音「ㄱ, ㄷ, ㅂ, ㅈ」に一画を加えた「ㅋ, ㅌ, ㅍ, ㅊ」の4つで、若干高く強い音です。ろうそくを消すつもりで風を吹き出す音です。ティッシュペーパーを持って風の吹き出しを確認しながら発音を練習しましょう。高音からスタートすると発音しやすいです。

| ㅋ | ㅌ | ㅍ | ㅊ |
|---|---|---|---|
| [ $k^h$ ] | [ $t^h$ ] | [ $p^h$ ] | [ $tɕ^h$ ] |

**練習1** 子音と母音を組み合わせて、発音しながら書きましょう。

| 書き順 | | ㅏ | ㅓ | ㅗ | ㅜ | ㅡ | ㅣ | ㅔ | ㅐ |
|---|---|---|---|---|---|---|---|---|---|
| ㅋ | | 카 | | | | 크 | | | |
| ㅌ | | | 터 | | | | 티 | | |
| ㅍ | | | | 포 | | | | 페 | |
| ㅊ=ㅈ | | | | | 추 | | | | 채 |

20

**練習2** 次の単語の発音に注意しながら書きましょう。

## 3-2 濃音

濃音は、子音「ㄱ, ㄷ, ㅂ, ㅅ, ㅈ」を重ねて書く「ㄲ, ㄸ, ㅃ, ㅆ, ㅉ」の5つです。詰まった感じの強い音で、「ッカ行」「ッタ行」「ッパ行」「ッサ行」「ッチャ行」の発音になります。

| ㄲ | ㄸ | ㅃ | ㅆ | ㅉ |
| --- | --- | --- | --- | --- |
| [$^{\textup{?}}$k] | [$^{\textup{?}}$t] | [$^{\textup{?}}$p] | [$^{\textup{?}}$s] | [$^{\textup{?}}$ʧ] |

**練習3** 子音と母音を組み合わせて、発音しながら書きましょう。

|  | ㅏ | ㅓ | ㅗ | ㅜ | ㅡ | ㅣ | ㅔ | ㅐ |
| --- | --- | --- | --- | --- | --- | --- | --- | --- |
| ㄲ | 까 |  |  |  | 끄 |  |  |  |
| ㄸ |  | 떠 |  |  | 띠 |  |  |  |
| ㅃ |  |  | 뽀 |  |  |  | 뻬 |  |
| ㅆ |  |  |  | 쑤 |  |  |  | 쌔 |
| ㅉ |  |  |  | 쯔 |  |  |  |  |

練習4　次の単語の発音に注意しながら書きましょう。

発音の違いを確認しましょう。

|  | ㄱ | ㄷ | ㅂ | ㅅ | ㅈ |
|---|---|---|---|---|---|
| 平音 | 가 | 다 | 바 | 사 | 자 |
| 激音(風を伴う音) | 카 | 타 | 파 | － | 차 |
| 濃音(詰まった音) | 까 | 따 | 빠 | 싸 | 짜 |

제3과 자음 2

**練習 5** 音声の発音をよく聞いて、音を区別しながら発音してみましょう。

1) 가 카 까 　　　 고 코 꼬 　　　 구 쿠 꾸
2) 다 타 따 　　　 도 토 또 　　　 두 투 뚜
3) 바 파 빠 　　　 보 포 뽀 　　　 부 푸 뿌
4) 사 싸 　　　　 소 쏘 　　　　 수 쑤
5) 자 차 짜 　　　 조 초 쪼 　　　 주 추 쭈

**練習 6** 発音の違いを意識しながら、単語を発音してみましょう。

1) 구두 靴　　　　 커피 コーヒー　　　 꼬마 ちび
2) 다리 脚/橋　　　 토마토 トマト　　　 따요 取ります
3) 바지 ズボン　　 포도 ブドウ　　　　오빠 兄(←妹)
4) 사요 買います　　　　　　　　　　　싸요 安いです
5) 자요 寝ます　　 차요 蹴ります　　　 짜요 塩辛いです

**練習 7** 日本の地名や人名などの音を韓国語で書いてみましょう。

1) 富山 ................　　 埼玉 ................
2) 熊本 ................　　 福岡 ................
3) 新潟 ................　　 長崎 ................
4) たなか ................　 おかだ ................
5) たにぐち ................　くにした ................

23

練習8 音声の発音をよく聞いて、発音している単語を探しましょう。

9

1) 기짜 　　기자 　　기차 　　키차

2) 투부 　　두푸 　　투푸 　　두부

3) 바지 　　파지 　　빠지 　　바치

4) 여자 　　요자 　　여차 　　요차

5) 포토 　　보도 　　포도 　　보토

6) 코고아 　　고코아 　　고고아 　　코코아

## 3－3　重母音2

二つの単母音の組み合わせによって作られた母音です。

| ㅘ | ㅝ | ㅙ | ㅞ | ㅚ | ㅟ | ㅢ |
|---|---|---|---|---|---|---|
| [wa] | [wɔ] | [wɛ] | [we] | [we] | [wi] | [ɯi] |
| ワ | ウォ | ウェ | ウェ | ウェ | ウィ | ウィ |

| 母音 | 発音 | 参考 単母音 | 発音の仕方 | 実際の字形 |
|---|---|---|---|---|
| ㅘ | [ wa ] ワ | ㅗ ＋ ㅏ | 「ワ」とほぼ同じ | 와 |
| ㅝ | [ wɔ ] ウォ | ㅜ ＋ ㅓ | 「ウォ」とほぼ同じ | 워 |
| ㅙ | [ wɛ ] ウェ | ㅗ ＋ ㅐ | 口を大きく開けて「ウェ」 | 왜 |
| ㅞ | [ we ] ウェ | ㅜ ＋ ㅔ | 「ウェ」とほぼ同じ | 웨 |
| ㅚ | [ we ] ウェ | ㅗ ＋ ㅣ | 口を突き出して「ウェ」 | 외 |
| ㅟ | [ wi ] ウィ | ㅜ ＋ ㅣ | 口をすぼめて「ウィ」 | 위 |
| ㅢ | [ ɯi ] ウィ | ㅡ ＋ ㅣ | 口を横に引いたまま「ウィ」 | 의 |

「ㅢ」の発音の区別

| | 発音 | 発音区別の場合 | 例 |
|---|---|---|---|
| ㅢ | [ɰi] ウィ | 語頭で、子音なしで使われる場合 | 의사 医者, 의자 椅子, 의미 意味 |
| | [i] イ | 語中と子音を伴う語頭の場合 | 주의 注意, 회의 会議, 희망 希望 |
| | [e] エ | 助詞として使われた時 | 나라의 미래 国の未来 |

練習9　いろんな子音と組み合わせて、発音しながら書きましょう。

| | ㅘ | ㅝ | ㅙ | ㅞ | ㅚ | ㅟ | ㅢ |
|---|---|---|---|---|---|---|---|
| ㄱ | 과 | | 괘 | | | | × |
| ㄷ | | 둬 | | 뒈 | | | × |
| ㅅ | | | 쇄 | | 쇠 | | × |
| ㅈ | | | × | 줴 | | 쥐 | × |
| ㅎ | | | | | 회 | | 희 |

**練習10** 次の単語を発音しながら書きましょう。

| | | | |
|---|---|---|---|
| 사과 りんご | | 과자 お菓子 | |
| 샤워 シャワー | | 뭐 何 | |
| 돼지 豚 | | 왜 なぜ | |
| 웨이터 ウェイター | | 스웨터 セーター | |
| 회사 会社 | | 사회 社会 | |
| 귀 耳 | | 의사 医者 | |

# 04 받침과 발음규칙

## パッチム(終声)と発音の規則

### 4-1　パッチム(終声)とは

　パッチムとは、一つの文字の中で二度目に現れた子音のことで、終声ともいいます。例えば、산(san → ㅅ＝s, ㅏ＝a, ㄴ＝n)の場合、ㄴ＝nがパッチム(終声)に該当します。パッチムにはいろんな形があって、その数は27個にものぼりますが、その音は7種類(ㄱ, ㄴ, ㄷ, ㄹ, ㅁ, ㅂ, ㅇ)に代表されます。日本語の音としては3つにまとめることができます。また、右列の「닭, 흙」のように、パッチムに2つの子音が合体した形もあります。

## 4-2　パッチム（終声）の発音のコツ

色々なパッチム(終声)の音の代表音を整理すれば「ン」「ッ」「ル」の3種類になります。

ン ・ ① ㄴ [n]
　　② ㅁ [m]
　　③ ㅇ [ŋ]

ッ ・ ① ㄱ [k]
　　② ㄷ [t]
　　③ ㅂ [p]

ル ・ ㄹ [l]

| 代表形と音 | 発音 | | 日本語の音の出し方 | いろんなパッチムの形 | |
|---|---|---|---|---|---|
| ㄱ [k] | ッ | | 舌の根がのどを詰まらせる「ック」「がっこう」「サッカー」「しっかり」 | ㄱ, ㅋ, ㄲ | ㄳ, ㄺ |
| ㄴ [n] | ン | | 舌が上の歯茎に付く「ン」舌先を軽く噛む「ン」「あんない」「カンサイ」「にんじん」 | ㄴ | ㄵ, ㄶ |
| ㄷ [t] | ッ | | 息を止めるような「ッタ」「待った」「行った」「打った」 | ㄷ, ㅌ, ㅅ, ㅆ, ㅈ, ㅊ, ㅎ | |
| ㄹ [l] | ル | | 英語の「l」と同じく、舌先を上の歯茎につけ、離さずに発音する。「ル」ではないことに注意する。 | ㄹ | ㄼ, ㄽ, ㄾ, ㅀ |
| ㅁ [m] | ン | | 両唇を閉じる「ン」「あんま」「さんま」「しんぱい」「さんぽ」「あんぱん」 | ㅁ | ㄻ |
| ㅂ [p] | ッ | | 息を止め、唇を閉じる「ップ」「はっぱ」「いっぱい」「ガッパ」「ノッポ」「ダッピ」 | ㅂ, ㅍ | ㅄ, ㄿ |
| ㅇ [ŋ] | ン | | 口をあけ、舌を引っ込めた鼻音「サンゴ」「リンゴ」「ビンゴ」「にんぎょう」 | ㅇ | |

▶ 2文字パッチムの発音のコツ

　右側の子音を発音するパッチム：ㄻ, ㄺ, ㄿ

　左側の子音を発音するパッチム：ㄳ, ㄵ, ㄶ, ㄼ, ㄽ, ㄾ, ㅀ, ㅄ

## 第4과 받침

**練習1** 単語を読んだ後、音声を聞きながら正しい発音練習をしましょう。

| | | | | | |
|---|---|---|---|---|---|
| 1) ㄱ音 [k] | 약 薬 | 책 本 | 학교 学校 | 학생 学生 | 밖 外 |
| 2) ㄴ音 [n] | 산 山 | 눈 目 | 손 手 | 안 中 | 돈 お金 |
| 3) ㄷ音 [t] | 곧 すぐ<br>빚 借金 | 끝 終わり<br>꽃 花 | 옷 服<br>좋다 良い | 맛 味 | 있다 ある/いる |
| 4) ㄹ音 [l] | 발 足 | 길 道 | 물 水 | 일본 日本 | 서울 ソウル |
| 5) ㅁ音 [m] | 김 のり | 여름 夏 | 아침 朝 | 점심 昼 | 사람 人 |
| 6) ㅂ音 [p] | 입 口 | 밥 ご飯 | 집 家 | 앞 前 | 옆 横/隣/傍 |
| 7) ㅇ音 [ŋ] | 강 川 | 방 部屋 | 빵 パン | 가방 かばん | 홍차 紅茶 |

**練習2** 次の単語を発音しながら書きましょう。

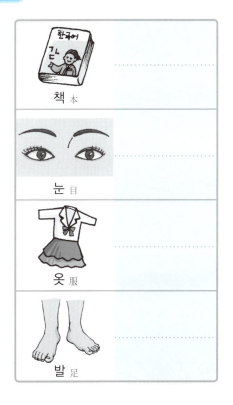
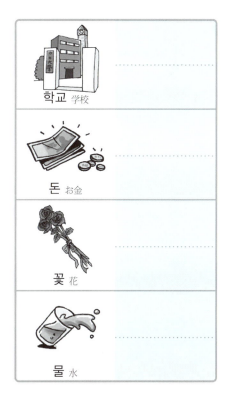

책 本　　　　　　　　　　학교 学校

눈 目　　　　　　　　　　돈 お金

옷 服　　　　　　　　　　꽃 花

발 足　　　　　　　　　　물 水

## 4-3 発音規則：連音化

終声であるパッチムの後の初声に「ㅇ」が続いた場合、パッチムの音が初声の「ㅇ」に移る現象を連音化といいます。

한일(韓日)： 한 ＋ 일 ➡ [ 하닐 ]
　　　　　　han　　il　　[hanil]

**①** 連音化の代表例

　한국어 [한**구거**] 韓国語　　　일본어 [일**보너**] 日本語
　있어요 [이**써**요] います/あります　밖에 [**바께**] 外に
　무엇이 [무**어시**] 何が　　　수업이 [수**어비**] 授業が
　무엇을 [무**어슬**] 何を　　　책을 [**채글**] 本を
　이것은 [이**거슨**] これは　　이름은 [이**르믄**] 名前は

**②** パッチム「ㅇ」は連音せずそのまま発音します。その時、後ろの母音は鼻音になります。
　고양이 [고양이] 猫　　　　영어 [영어] 英語

**③** 2文字パッチムの連音化
　읽어요 [**일거**요] 読みます　　앉아요 [**안자**요] 座ります

## 4-4　発音規則：濃音化

[ㄱ，ㄷ，ㅂ] 音のパッチムの後に子音 /ㄱ，ㄷ，ㅂ，ㅅ，ㅈ/ が続くと、それぞれの子音は [ㄲ，ㄸ，ㅃ，ㅆ，ㅉ] の音に濃音化します。

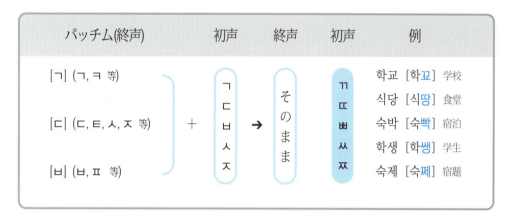

＊連体表現「-ㄹ/을」の後に /ㄱ,ㄷ,ㅂ,ㅅ,ㅈ/ が続くと、それぞれの子音は [ㄲ, ㄸ, ㅃ, ㅆ, ㅉ] の音に濃音化します。

할 거예요 [할 꺼예요]　　할 수 있어요 [할 쑤 이써요]

## 4-5　発音規則：鼻音化①

[ㄱ，ㄷ，ㅂ] 音のパッチムの後に子音 /ㄴ,ㅁ/ が続く場合、[ㄱ，ㄷ，ㅂ] 音は [ㅇ，ㄴ，ㅁ] の音に鼻音化します。

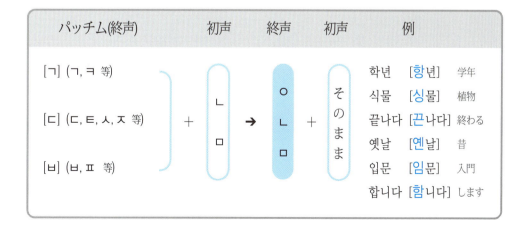

## 4−6　発音規則：鼻音化②

　　[ㄱ, ㄷ, ㅂ] 音のパッチムの後に、子音 /ㄹ/ が続く場合、[ㄱ, ㄷ, ㅂ] 音は [ㅇ, ㄴ, ㅁ] の音に鼻音化し、子音 /ㄹ/ も[ㄴ]音に変わります。

| パッチム(終声) | 初声 | | 終声 | 初声 | 例 |
|---|---|---|---|---|---|
| [ㄱ] (ㄱ, ㅋ 等) | | | ㅇ | | 국립 [궁닙] 国立 |
| [ㄷ] (ㄷ, ㅌ, ㅅ, ㅈ 等) | ㄹ | ➡ | ㄴ | ㄴ | 입력 [임녁] 入力 |
| [ㅂ] (ㅂ, ㅍ 等) | | | ㅁ | | |

## 4−7　発音規則：激音化

　　[ㄱ, ㄷ, ㅂ] 音のパッチムの後に子音 /ㅎ/ が続く場合、[ㄱ, ㄷ, ㅂ] 音は子音/ㅎ/と合体され、[ㅋ, ㅌ, ㅍ] の音に激音化します。

| パッチム(終声) | 初声 | | 終声 | 初声 | 例 |
|---|---|---|---|---|---|
| [ㄱ] (ㄱ, ㅋ 等) | | | | ㅋ | 축하　[추카]　祝賀 |
| [ㄷ] (ㄷ, ㅌ, ㅅ, ㅈ 等) | ㅎ | ➡ | なし | ㅌ | 못해요 [모태요]できません |
| [ㅂ] (ㅂ, ㅍ 等) | | | | ㅍ | 입학　[이팍]　入学 |

　　さらに、パッチム/ㅎ/の後に子音 /ㄱ, ㄷ, ㅂ, ㅈ/が続くと、子音 /ㄱ, ㄷ, ㅂ, ㅈ/がそれぞれ[ㅋ, ㅌ, ㅍ, ㅊ] 音に変わります。

| パッチム | 初声 | | 終声 | 初声 | 例 |
|---|---|---|---|---|---|
| ㅎ | ㄱ ㄷ ㅂ ㅈ | ➡ | なし | ㅋ ㅌ ㅍ ㅊ | 어떻게 [어떠케]どう 좋다　[조타]　良い 좋지요 [조치요]良いでしょう |

## 4-8 発音規則：口蓋音化

　パッチム/ㅌ, ㄷ/に「이」が続く場合は、[치, 지]に発音されます。これは、連音ではありません。

> 같이 [가치 ○] [가티 ×] 一緒に
> 굳이 [구지 ○] [구디 ×] あえて

## 4-9 発音規則：ㅎ音の変化

**① ㅎ音の脱落**

　/ㅎ/の後に/ㅇ/がくると、/ㅎ/の音は脱落し無音化されます。連音ではないことに気をつけましょう。

> 좋아요 [조아요 ○] [조하요 ×] いいです
> 많이 [마니 ○] [만히 ×] たくさん

**② ㅎ音の弱化**

　母音やパッチムの/ㄴ, ㄹ, ㅁ, ㅇ/の後に子音/ㅎ/が続く場合、/ㅎ/音は弱化します。/ㄴ, ㄹ, ㅁ, ㅇ/音の後の/ㅎ/は弱化とともに、連音現象が起こります。

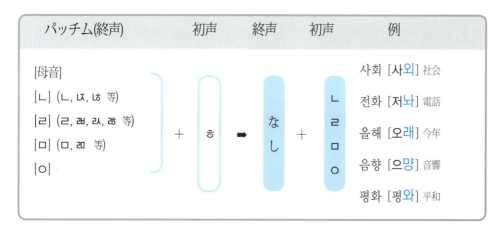

## 教室用語

| | |
|---|---|
| ■ 잘 들으세요. | よく聞いてください。 |
| ■ 쓰세요. | 書いて下さい。 |
| ■ 읽으세요. | 読んでください。 |
| ■ 말하세요. | 言ってください。 |
| ■ 책을 보세요. | 本を見てください。 |
| ■ 책을 보지 마세요. | 本を見ないでください。 |
| ■ 듣고 따라하세요. | 聞いてリピートしてください。 |
| ■ 한번 더 말해 주세요. | もう一度言ってください。 |
| ■ 외우세요. | 覚えてください。 |
| ■ 알겠어요? | 分かりましたか。 |
| ■ 네, 알겠습니다. | はい、分かりました。 |
| ■ 아뇨, 모르겠습니다. | いいえ、分かりません。 |
| ■ 질문 있어요? | 質問ありますか。 |
| ■ 네, 있어요. | はい、あります。 |
| ■ 아뇨, 없어요. | いいえ、ありません。 |
| ■ 숙제입니다. | 宿題です。 |
| ■ 수고하셨어요. | お疲れ様でした。 |
| ■ 다음 주에 만나요. | 来週会いましょう。 |

제4과 받침

## かな文字のハングル表記

| かな | | | | | ハングル | | | | | | | | | |
|---|---|---|---|---|---|---|---|---|---|---|---|---|---|---|
| | | | | | 〈語頭〉 | | | | | 〈語中〉 | | | | |
| あ | い | う | え | お | 아 | 이 | 우 | 에 | 오 | 아 | 이 | 우 | 에 | 오 |
| か | き | く | け | こ | 가 | 기 | 구 | 게 | 고 | 카 | 키 | 쿠 | 케 | 코 |
| さ | し | す | せ | そ | 사 | 시 | 스 | 세 | 소 | 사 | 시 | 스 | 세 | 소 |
| た | ち | つ | て | と | 다 | 지 | 쓰 | 데 | 도 | 타 | 치 | 쓰 | 테 | 토 |
| な | に | ぬ | ね | の | 나 | 니 | 누 | 네 | 노 | 나 | 니 | 누 | 네 | 노 |
| は | ひ | ふ | へ | ほ | 하 | 히 | 후 | 헤 | 호 | 하 | 히 | 후 | 헤 | 호 |
| ま | み | む | め | も | 마 | 미 | 무 | 메 | 모 | 마 | 미 | 무 | 메 | 모 |
| や | | ゆ | | よ | 야 | | 유 | | 요 | 야 | | 유 | | 요 |
| ら | り | る | れ | ろ | 라 | 리 | 루 | 레 | 로 | 라 | 리 | 루 | 레 | 로 |
| わ | | | | を | 와 | | | | 오 | 와 | | | | 오 |
| が | ぎ | ぐ | げ | ご | 가 | 기 | 구 | 게 | 고 | 가 | 기 | 구 | 게 | 고 |
| ざ | じ | ず | ぜ | ぞ | 자 | 지 | 즈 | 제 | 조 | 자 | 지 | 즈 | 제 | 조 |
| だ | ぢ | づ | で | ど | 다 | 지 | 즈 | 데 | 도 | 다 | 지 | 즈 | 데 | 도 |
| ば | び | ぶ | べ | ぼ | 바 | 비 | 부 | 베 | 보 | 바 | 비 | 부 | 베 | 보 |
| ぱ | ぴ | ぷ | ぺ | ぽ | 파 | 피 | 푸 | 페 | 포 | 파 | 피 | 푸 | 페 | 포 |
| きゃ | | きゅ | | きょ | 갸 | | 규 | | 교 | 캬 | | 큐 | | 쿄 |
| しゃ | | しゅ | | しょ | 샤 | | 슈 | | 쇼 | 샤 | | 슈 | | 쇼 |
| ちゃ | | ちゅ | | ちょ | 자 | | 주 | | 조 | 차 | | 추 | | 초 |
| にゃ | | にゅ | | にょ | 냐 | | 뉴 | | 뇨 | 냐 | | 뉴 | | 뇨 |
| ひゃ | | ひゅ | | ひょ | 햐 | | 휴 | | 효 | 햐 | | 휴 | | 효 |
| みゃ | | みゅ | | みょ | 먀 | | 뮤 | | 묘 | 먀 | | 뮤 | | 묘 |
| りゃ | | りゅ | | りょ | 랴 | | 류 | | 료 | 랴 | | 류 | | 료 |
| ぎゃ | | ぎゅ | | ぎょ | 갸 | | 규 | | 교 | 갸 | | 규 | | 교 |
| じゃ | | じゅ | | じょ | 자 | | 주 | | 조 | 자 | | 주 | | 조 |
| びゃ | | びゅ | | びょ | 뱌 | | 뷰 | | 뵤 | 뱌 | | 뷰 | | 뵤 |
| ぴゃ | | ぴゅ | | ぴょ | 퍄 | | 퓨 | | 표 | 퍄 | | 퓨 | | 표 |

＊撥ねる音の「ん」と促音の「っ」はそれぞれパッチムの /ㄴ, ㅅ/ で表します。
長音は表記しません。タ行、ザ行、ダ行に注意しましょう。

35

# 05 저는 우에다입니다.

私は上田です。

 **포인트 표현**

ポイント 表現

1. 저는 우에다입니다.   私は上田です。
2. 우에다 씨는 학생입니까?   上田さんは学生ですか。
3. 이수민 씨도 학생입니까?   李スミンさんも学生ですか。
4. 이수민 씨는 학생이 아닙니다.   李スミンさんは学生ではありません。

1. 우에다 씨는 학생입니까?   2. 이수민 씨도 학생입니까?

### DIALOGUE

 1. 안녕하세요?

 2. 안녕하세요?

 3. 저는 우에다입니다. 이름이 무엇입니까?

 4. 저는 이수민입니다. 우에다 씨는 학생입니까?

 5. 예, 학생입니다. 이수민 씨도 학생입니까?

 6. 아니요, 저는 학생이 아닙니다. 선생님입니다.

7. 만나서 반갑습니다.

 발 음    発音

① 連音化

　이름이　　　[이르미]　　　　무엇입니까?　　[무어심니까?]

② 鼻音化① : /ㄱ, ㄷ, ㅂ/ ⇒ [ㅇ, ㄴ, ㅁ]

　입니다　　　[임니다]　　　　입니까?　　　　[임니까?]
　아닙니다　　[아님니다]　　　반갑습니다　　　[반갑씀니다]

③ 濃音化 : /ㄱ, ㄷ, ㅂ, ㅅ, ㅈ/ ⇒ [ㄲ, ㄸ, ㅃ, ㅆ, ㅉ]

　학생　　　　[학쌩]　　　　　반갑습니다　　　[반갑씀니다]

38

제5과 저는 우에다입니다.

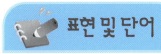 표현 및 단어　表現 & 単語

| | |
|---|---|
| 안녕하세요? | 「こんにちは、おはようございます、こんばんは」のいずれにも用いられる日常の挨拶表現です。よりかしこまった場で使う丁重な挨拶として「안녕하십니까?」があります。 |
| 저 | 私(わたくし)。目上の人の前やかしこまった場で使います。年下の人の前では「나(あたし、僕、俺)」のようなぞんざいな表現が使われる場合もあります。 |
| ~입니다 | ~です。かしこまった場やニュースなど公式の場で使う丁重な表現です。<br>＊「~이다 (~だ、~である)＋(스)ㅂ니다」 |
| 이름 | 名前。 |
| 무엇 | 何。 |
| ~는 | ~は。主題を表します。 |
| ~씨 | ~さん。名前の後に付けて「~씨」と呼びます。韓国では同姓が多いため、「이수민 씨」のようにフルネームで呼ぶか、「수민 씨」のようにファーストネームで呼びます。親しい友達同士や目下の相手に対しては、「수민아」「지수야」のように「~아/야」をつけて呼ぶ場合もあります。 |
| 학생 | 学生。 |
| 예 | はい。「네」ともいいます。＊아니요：いいえ。「아뇨」ともいいます。 |
| ~도 | ~も。添加や付加を表します。 |
| ~가/이 아닙니다 | ~ではありません。＊「~가/이 아니다(~ではない)＋(스)ㅂ니다」 |
| 선생님 | 先生。「職位＋님(さま)」または、「姓＋職位＋님(さま)」で呼ぶことが多いです。 |
| 만나서 반갑습니다 | お会いできて嬉しいです。＊「만나다(会う)」＊「반갑다(嬉しい)」 |

### 본문번역　本文翻訳

上田　　　① こんにちは。
李スミン　② こんにちは。
上田　　　③ 私は上田です。お名前は何ですか。
李スミン　④ 私は李スミンです。上田さんは学生ですか。
上田　　　⑤ はい、学生です。李スミンさんも学生ですか。
李スミン　⑥ いいえ、私は学生ではありません。先生です。
　　　　　⑦ お会いできて嬉しいです。

## 문법　文法

### ①

| ~입니까? | ~ですか |
|---|---|
| ~입니다 | ~です |

「~입니다」は 「~이다(~だ、~である)」のかしこまった丁寧形です。「~입니까?」の質問に対して、「~입니다」の答えになります。パッチムのある体言の場合は「連音」します。

〔　　　　〕 입니까?

〔　　　　〕 입니다

친구이다. 友達である。 ⇒ 친구입니까? 友達ですか。 친구입니다. 友達です。
선생님이다. 先生である。 ⇒ 선생님입니까? 先生ですか。 선생님입니다. 先生です。

### ②

| ~는/은 | ~は |
|---|---|

主題を表す助詞で、日本語の「~は」とだいたい同じです。パッチムがない場合は「는」、パッチムがある場合は「은」が付き、「은」の場合は連音になります。

〔　　　　〕 는　　　　　　　　〔　　　　〕 은

저는 학생입니다. 私は学生です。　　　이름은 우에다입니다. 名前は上田です。

40

③ ~가/이 아닙니다    ~ではありません

「~가/이 아니다(~ではない)」のかしこまった丁寧形で、「~です」の否定形になります。パッチムがない場合は「~가 아닙니다」、パッチムがある場合は「~이 아닙니다」になります。

친구입니까?  友達ですか。      친구가 아닙니다.  友達ではありません。
선생님입니까? 先生ですか。      선생님이 아닙니다. 先生ではありません。

＊ 参考：「~가/이 아닙니까?(~ではありませんか)」のように、否定疑問文も可能です。

친구가 아닙니까?  友達ではありませんか。
선생님이 아닙니까? 先生ではありませんか。

④ ~도    ~も

添加や付加を表す助詞「~も」と同じです。パッチムの有無に影響されません。

저도 학생입니다.       私も学生です。
선생님도 일본 사람입니다.  先生も日本人です。

 연 습　練習

▶ 下の絵を参考に、[1-3]の表現を練習しましょう。

보기 우에다
학생 / 일본
学生 / 日本

1 김민주
디자이너 / 한국
デザイナー / 韓国

2 제시카
선생님 / 미국
先生 / アメリカ

3 왕진
의사 / 중국
医者 / 中国

4 다나카
회사원 / 일본
会社員 / 日本

1　私は _____ です。_____ です。

 저는 우에다입니다. 학생입니다.

보기) 우에다　　1) 김민주　　2) 제시카　　3) 왕진　　4) 다나카
　　　학생　　　　디자이너　　　선생님　　　의사　　　회사원

2　_____ さんは _____ です。_____ 人です。

보기　우에다 씨는 학생입니다. 일본 사람입니다.

보기) 우에다　　1) 김민주　　2) 제시카　　3) 왕진　　4) 다나카
　　　학생　　　　디자이너　　　선생님　　　의사　　　회사원
　　　일본　　　　한국　　　　　미국　　　　중국　　　일본

42

제5과 저는 우에다입니다.

**3** 가 : ＿＿＿＿さんは ＿＿＿＿ですか。　　나 : はい、＿＿＿＿です。

　　가 : ＿＿＿＿さんは ＿＿＿人ですか。　　나 : はい、＿＿＿人です。

> **보기**
> 가: 우에다 씨는 학생입니까?
> 나: 예, 학생입니다.
> 가: 우에다 씨는 일본 사람입니까?
> 나: 예, 일본 사람입니다.

| 보기) 우에다 | 1) 김민주 | 2) 제시카 | 3) 왕진 | 4) 다나카 |
|---|---|---|---|---|
| 학생 | 디자이너 | 선생님 | 의사 | 회사원 |
| 일본 | 한국 | 미국 | 중국 | 일본 |

43

▶ 下の絵を参考に、[4-5]の表現を練習しましょう。

| 보기 | 1 | 2 | 3 | 4 |
|---|---|---|---|---|
|  |  |  |  |  |
| 마크 | 안나 | 올가 | 캉 | 수잔 |
| 엔지니어 / 캐나다 | 간호사 / 독일 | 연구원 / 러시아 | 학생 / 베트남 | 주부 / 필리핀 |
| エンジニア/カナダ | 看護師/ドイツ | 研究員/ロシア | 学生/ベトナム | 主婦/フィリピン |

**4** 가：＿＿＿＿＿ 씨는 ＿＿＿＿＿ 입니까?
　 나：아니요, ＿＿＿＿＿가 아닙니다. ＿＿＿＿＿입니다.

 가: 마크 씨는 디자이너입니까?
나: 아니요, 디자이너가 아닙니다. 엔지니어입니다.

보기) 마크　　　1) 안나　　　2) 올가　　　3) 캉　　　4) 수잔
　　 디자이너(×)　의사(×)　　선생님(×)　회사원(×)　학생(×)
　　 엔지니어(○)　간호사(○)　연구원(○)　학생(○)　　주부(○)

**5** 가：＿＿＿＿＿ 씨는 ＿＿＿＿＿ 입니까?
　 나：예, ＿＿＿＿＿입니다.
　 가：＿＿＿＿＿ 씨도 ＿＿＿＿＿ 입니까?
　 나：아니요, ＿＿＿＿＿가 아닙니다. ＿＿＿＿＿입니다.

보기 가: 마크 씨는 엔지니어입니까?
나: 예, 엔지니어입니다.
가: 안나 씨도 엔지니어입니까?
나: 아니요, 엔지니어가 아닙니다. 간호사입니다.

보기) 마크＝엔지니어　　1) 안나＝간호사　　2) 올가＝연구원　　3) 캉＝학생
　　 안나＝간호사　　　 올가＝연구원　　　 캉＝학생　　　　　수잔＝주부

 話す

① ロールプレイ相手にインタビューして、相手の名前や故郷を書きなさい。

> 보기
> 가: 안녕하세요?
> 나: 안녕하세요?
> 가: 저는 우에다입니다. 이름이 무엇입니까?
> 나: 스즈키입니다. 우에다 씨, 고향이 어디입니까?
> 가: 오사카입니다. 스즈키 씨는 고향이 어디입니까?
> 나: 후쿠오카입니다. 만나서 반갑습니다.
> 가: 네, 만나서 반갑습니다.

| 이름(名前) | 고향(故郷) | 이름(名前) | 고향(故郷) |
|---|---|---|---|
| 우에다 ⇨ | 오사카 | | ⇨ |
| 스즈키 ⇨ | 후쿠오카 | | ⇨ |

② ロールプレイ相手と話し合って、以下の質問に韓国語で答えなさい。

1) 이름이 무엇입니까?

2) 학생입니까?

3) 선생님입니까?

4) 일본 사람입니까?

5) 한국 사람입니까?

45

## 듣기　　　聞く

**13** ① 音声をよく聞いて、該当する番号を書きなさい。

샤넬
デザイナー

타이거 우즈
ゴルフ選手

노구치
医者
例

존 레논
歌手

링컨
大統領

**14**  ② スキットをよく聞いて、以下の文章について○か×で答えなさい。

1) 마리코 씨는 한국 사람입니다. (　)

2) 스티븐 씨는 회사원입니다. 　(　)

3) 마리코 씨도 회사원입니다. 　(　)

**15** ③ 質問をよく聞いて、韓国語で答えを書きなさい。

1) ........................................................................................

2) ........................................................................................

3) ........................................................................................

4) ........................................................................................

5) ........................................................................................

# 06 지수 씨, 공부합니까?

チスさん、勉強しますか。

## 포인트 표현

ポイント表現

1. 지수 씨, 공부합니까?
   - 예, 공부합니다.
   - 아니요, 공부하지 않습니다.
2. 무엇을 봅니까?
   - 드라마를 봅니다.

チスさん、勉強しますか(勉強していますか)。
− はい、勉強します(勉強しています)。
− いいえ、勉強しません(勉強していません)。
何を見ますか。
− ドラマを見ます。

1. 지수 씨는 공부합니까?
2. 지수 씨는 무엇을 봅니까?
3. 드라마는 재미있습니까?

**DIALOGUE**

 1. 지수 씨, 공부합니까?

 2. 아니요, 공부하지 않습니다.

　　　3. 텔레비전을 봅니다.

 4. 무엇을 봅니까?

 5. 드라마를 봅니다.

 6. 재미있습니까?

 7. 예, 아주 재미있습니다.

 발 음　　発 音

① 連音化

　　텔레비전을　　[텔레비저늘]　　　　무엇을　　　　[무어슬]

② 鼻音化① : /ㄱ, ㄷ, ㅂ/ ➡ [ㅇ, ㄴ, ㅁ]

　　공부합니까?　　[공부함니까?]　　　공부하지 않습니다　[공부하지 안씀니다]
　　봅니다　　　　　[봄니다]　　　　　재미있습니까?　　　[재미읻씀니까?]

③ 濃音化 : /ㄱ, ㄷ, ㅂ, ㅅ, ㅈ/ ⇒ [ㄲ, ㄸ, ㅃ, ㅆ, ㅉ]

　　재미있습니까?　[재미읻씀니까?]　　공부하지 않습니다　[공부하지 안씀니다]

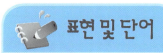 表現 & 単語

| | |
|---|---|
| 공부합니까? | 勉強しますか。 ＊「공부하다(勉強する)+(스)ㅂ니까?」 |
| 공부하지 않습니다 | 勉強しません。 ＊「공부하지 않다(勉強しない)+(스)ㅂ니다」 |
| 텔레비전 | テレビ。 |
| ~을 | ~を。対象を表す格助詞です。パッチムの有無によって、パッチムがあれば「~을」を、パッチムがなければ「~를」を使い分けます。 |
| 봅니다 | 見ます。 ＊「보다(見る)+(스)ㅂ니다」 |
| 무엇 | 何。 |
| 드라마 | ドラマ。 |
| 재미있습니까? | 面白いですか。 ＊「재미있다(面白い)+(스)ㅂ니까?」 |
| 아주 | とても。 |
| 재미있습니다 | 面白いです。 ＊「재미있다(面白い)+(스)ㅂ니다」 |

**본문번역** 本文翻訳

| | | |
|---|---|---|
| 上田 | ① | チスさん、勉強しますか(勉強していますか)。 |
| 金チス | ② | いいえ、勉強しません(勉強していません)。 |
| | ③ | テレビを見ます(見ています)。 |
| 上田 | ④ | 何を見ますか(見ていますか)。 |
| 金チス | ⑤ | ドラマを見ます(見ています)。 |
| 上田 | ⑥ | 面白いですか。 |
| 金チス | ⑦ | はい、とても面白いです。 |

## 문법 文法

**①**

| ~(스)ㅂ니까? | ~ですか／~(し)ますか |
| --- | --- |
| ~(스)ㅂ니다 | ~です／~(し)ます |

「~(스)ㅂ니다」は動詞・形容詞などの用言のもっともフォーマルな丁寧形で、「~です/~ます」の意味になります。これは、「합니다 体」とも呼ばれます。用言の語幹にパッチムがなければ「語幹＋ㅂ니다」を、用言の語幹にパッチムがあれば、「語幹＋습니다」が用いられます。また、「語幹＋(스)ㅂ니까?」の質問に対しては、「語幹＋(스)ㅂ니다」の形で答えます。

| | ㅂ니까? | | 습니까? |
| --- | --- | --- | --- |
| | ㅂ니다 | | 습니다 |

| 보다 | 見る | ⇒ 봅니까? | 見ますか。 | 봅니다. | 見ます。 |
| --- | --- | --- | --- | --- | --- |
| 먹다 | 食べる | ⇒ 먹습니까? | 食べますか。 | 먹습니다. | 食べます。 |
| 바쁘다 | 忙しい | ⇒ 바쁩니까? | 忙しいですか。 | 바쁩니다. | 忙しいです。 |
| 재미있다 | 面白い | ⇒ 재미있습니까? | 面白いですか。 | 재미있습니다. | 面白いです。 |

＊これらの文法規則は、「指定詞(~이다：~だ)」「存在詞(~있다/없다：~ある/ない)」などすべての用言に適用されます。

| 학생이다 | 学生である | ⇒ 학생입니까? | 学生ですか。 | 학생입니다. | 学生です。 |
| --- | --- | --- | --- | --- | --- |
| 있다 | ある/いる | ⇒ 있습니까? | ありますか。 | 있습니다. | あります。 |
| 없다 | ない/いない | ⇒ 없습니까? | ありませんか。 | 없습니다. | ありません。 |

제6과 지수씨, 공부합니까?

## ② ~지 않다     ~(し)ない (否定①)

「~지 않다」は動詞・形容詞など用言の否定形で、「~(し)ない」の意味になります。これは、「합니다体」にすると、「用言語幹＋(스)ㅂ니다」の否定丁寧形として、「用言語幹＋지 않습니다」になります。これらは用言の語幹のパッチムの有無に影響されません。

 지 않다

 지 않습니다

| | | | | |
|---|---|---|---|---|
| 사다 | 買う | ⇒ | 가방을 사지 않습니다. | かばんを買いません。 |
| 먹다 | 食べる | ⇒ | 밥을 먹지 않습니다. | ご飯を食べません。 |
| 바쁘다 | 忙しい | ⇒ | 오늘은 바쁘지 않습니다. | 今日は忙しくありません。 |
| 어렵다 | 難しい | ⇒ | 한국어는 어렵지 않습니다. | 韓国語は難しくありません。 |

## ③ ~를/을     ~を

対象を表す格助詞で、日本語の「~を」とだいたい同じです。パッチムがない場合は「를」、パッチムがある場合は「을」が付き、「을」の場合は連音になります。

 를           을

드라마를 봅니다. ドラマを見ます。       텔레비전을 봅니다. テレビを見ます。

### 参考 : 의문사 일람표(疑問詞一覧表)

| 区 分 | 疑 問 詞 | | 区 分 | 疑 問 詞 | |
|---|---|---|---|---|---|
| 人 | 누구 | だれ | 価格 | 얼마 | いくら |
| 時 | 언제 | いつ | 量・数 | 몇 | いくつ |
| 事物 | 무엇 | 何 | 性質 | 무슨 | 何の |
| 場所 | 어디 | どこ | 理由 | 왜 | なぜ |
| 選択 | 어느 | どの | 種類 | 어떤 | どんな |
| モノ選択 | 어느 것 | どれ | 不定(人) | 아무도 | だれも |
| 方向 | 어느 쪽 | どちら | 不定(物) | 아무것도 | 何も |

51

# 연습 練習

▶ 下の絵を参考に[1-2]の表現を練習しましょう。その際、格助詞「〜를/을(〜を)」の使用に気をつけましょう。

**1** 가：＿＿＿＿＿＿(し)ますか。　나：はい、＿＿＿＿＿＿(し)ます。

> 보기
> 가: 봅니까?
> 나: 예, 봅니다.

보기) 보다　　1) 먹다　　2) 마시다　　3) 듣다　　4) 공부하다

**2** 가：何を ＿＿＿＿＿(し)ますか。　나：＿＿＿＿＿を ＿＿＿＿＿(し)ます。
　　가：何を ＿＿＿＿＿(し)ますか。　나：＿＿＿＿＿を ＿＿＿＿＿(し)ます。

> 보기
> 가: 무엇을 봅니까?
> 나: 영화를 봅니다.
> 가: 무엇을 봅니까?
> 나: 텔레비전을 봅니다.

보기) 보다　　1) 먹다　　2) 마시다　　3) 듣다　　4) 공부하다
　　　영화　　　고기　　　커피　　　　라디오　　　영어
　　　텔레비전　밥　　　　물　　　　　음악　　　　한국어

52

제6과 지수씨, 공부합니까?

▶ 下の絵を参考に [3-4]の表現を練習しましょう。否定表現に気をつけましょう。

3  가: _____(ㄹ)ㅂ니까.    나: 아니요, _____(ㅂ)니다.

> 보기
> 가: 삽니까?
> 나: 아니요, 사지 않습니다.

보기) 사다    1) 읽다    2) 쓰다    3) 찍다    4) 하다


4  가: _____를 _____(ㅂ)니까.
   나: 아니요, _____를 _____(ㅂ)니다. _____를 _____(ㅂ)니다.

> 보기
> 가: 카메라를 삽니까?
> 나: 아니요, 카메라를 사지 않습니다. 가방을 삽니다.

보기) 사다        1) 읽다        2) 쓰다        3) 찍다        4) 하다
   카메라(×)      잡지(×)       편지(×)       영화(×)       데이트(×)
   가방(○)        책(○)         이메일(○)     사진(○)       쇼핑(○)

▶ 下の絵を参考に[5]の表現を練習しましょう。

**5** 가 : 何を _____(し)ますか。　　나 : _____ を _____(し)ます。
　　가 : _____ですか。　　　　　　나 : はい、_____です。

가: 무엇을 먹습니까?
나: 밥을 먹습니다.
가: 맛있습니까?
나: 예, 맛있습니다.

보기) 먹다　　1) 보다　　　2) 사다　　　3) 공부하다
　　　밥　　　　영화　　　　옷　　　　　한국어
　　　맛있다　　재미있다　　비싸다　　　어렵다

 話す

① 二人一組のロールプレイです。まず、答える側は下の絵の中から一つを心の中で決めてください。ロールプレイの相手は何をしますか。会話を続けながら、相手の考えを当ててみましょう。

 가: 책을 읽습니까?
나: 아니요, 책을 읽지 않습니다.
가: 뉴스를 봅니까?
나: 예, 그렇습니다.

뉴스를 보다

커피를 마시다

한국어를 공부하다

빵을 먹다

책을 사다

이메일을 쓰다

음악을 듣다

책을 읽다

② ロールプレイ相手と話し合って、以下の質問に韓国語で答えてください。

1) 이름이 무엇입니까?

2) 책을 삽니까?

3) 한국어는 어렵습니까?

4) 김치는 맛있습니까?

5) 지금(今) 무엇을 합니까?

55

## 듣기  聞く

🎧18 ① 音声をよく聞いて、該当する番号を書きなさい。

例

🎧19 ② スキットをよく聞いて、以下の文章について○か×で答えなさい。

1) 우에다 씨는 영어를 공부합니다.　　　　(　　)

2) 우에다 씨는 매일(毎日) 한국어를 공부합니다.　(　　)

3) 한국어는 어렵습니다.　　　　　　　　(　　)

🎧20 ③ 質問をよく聞いて、韓国語で答えを書きなさい。

1) _____

2) _____

3) _____

4) _____

5) _____

# 07 학교에 기숙사가 있습니까?

学校に寮がありますか。

## 포인트 표현

ポイント表現

1. 학교에 기숙사가 있습니까?
   - 예, 있습니다.
   - 아니요, 없습니다.

   学校に寮がありますか。
   - はい、あります。
   - いいえ、ありません。

2. 방 안에 무엇이 있습니까?
   - 침대와 책상이 있습니다.

   部屋の中に何がありますか。
   - ベッドと机があります。

1. 학교에 기숙사가 있습니까?   2. 기숙사 방 안에는 무엇이 있습니까?

### DIALOGUE

 1. 학교에 기숙사가 있습니까?

 2. 예, 있습니다. 저는 기숙사에 삽니다.

 3. 룸메이트가 있습니까?

 4. 예, 있습니다. 저 사람이 제 룸메이트입니다.

 5. 아, 그렇습니까?

6. 기숙사 방 안에는 무엇이 있습니까?

 7. 침대와 책상이 있습니다.

## 발음   発音

① 連音化

| 사람이 | [사라미] | 안에는 | [아네는] |
| 무엇이 | [무어시] | | |

② 鼻音化① : /ㄱ, ㄷ, ㅂ/ ⇒ [ㅇ, ㄴ, ㅁ]

| 있습니까? | [읻씀니까?] | 있습니다 | [읻씀니다] |
| 삽니다 | [삼니다] | 입니다 | [임니다] |

③ 濃音化 : /ㄱ, ㄷ, ㅂ, ㅅ, ㅈ/ ⇒ [ㄲ, ㄸ, ㅃ, ㅆ, ㅉ]

| 학교 | [학꾜] | 기숙사 | [기숙싸] |
| 있습니까? | [읻씀니까?] | 있습니다 | [읻씀니다] |
| 그렇습니까? | [그럳씀니까?] | 책상이 | [책쌍이] |

제7과 학교에 기숙사가 있습니까?

 표현 및 단어    表現 & 単語

| 학교 | 学校。 |
| --- | --- |
| ~에 | ~に。場所や位置関係、時間を表す助詞です。 |
| 기숙사 | 寮。「기숙사(寄宿舎)」 |
| ~가 | ~が。主格を表す助詞で、パッチムのある体言の後は「~이(~が)」を使います。 |
| 있습니까? | ありますか。＊存在表現で、「モノがある」や「生物がいる」の場合も使います。<br>＊「있다(ある/いる)＋(스)ㅂ니까?」「있다(ある/いる)＋(스)ㅂ니다」<br>⇔＊「없다(ない/いない)＋(스)ㅂ니까?」「없다(ない/いない)＋(스)ㅂ니다」 |
| 삽니다 | 住んでいます。＊「살다(暮らす/住む)＋(스)ㅂ니다」 |
| 룸메이트 | ルームメイト。 |
| 사람 | 人(ひと)。＊「인간(人間)」 |
| 제 | 私の。＊「저(私)＋의(の)」の縮約形です。 |
| 그렇습니까? | そうですか。＊「그렇다(そうだ)＋(스)ㅂ니다」 |
| 방 | 部屋。 |
| ~안 | ~中。より狭い範囲の閉ざされた空間としての「~中」の意味として「~속」があります。例：「지갑 속(財布の中)」 |
| 침대 | ベッド。 |
| ~와 | ~と。羅列・並列を表す助詞です。パッチムのない場合は「~와」を、パッチムのある場合は「과」を使います。＊同じ意味を持つ「~하고」は、パッチムの有無に関係なく使います。 |
| 책상 | 机。 |

**본문번역**    本文翻訳

金チス　① 学校に寮がありますか。
上田　　② はい、あります。私は寮に住んでいます。
金チス　③ ルームメイトがいますか。
上田　　④ はい、います。あの人が私のルームメイトです。
金チス　⑤ あ～、そうですか。
　　　　⑥ 寮の部屋の中には何がありますか。
上田　　⑦ ベッドと机があります。

## 문법　文法

① ~가/이　　　～が

主格を表す助詞で、日本語の「～が」とだいたい同じです。パッチムのない体言には「가」、パッチムのある体言には「이」が付きます。

　　　　가　　　　　　　　　　　이

숙제가 있습니다.　宿題があります。　　수업이 있습니다.　授業があります。

② 있다　　ある / いる
　 없다　　ない / いない

存在の有無を表す表現です。「モノがある」や「生物がいる」のいずれにも「있다(ある/いる)＋습니까?」「있다(ある/いる)＋습니다」を使い、「モノがない」や「生物がいない」場合は「없다(ない/いない)＋습니까?」「없다(ない/いない)＋습니다」を使います。

| 있다 | → | 있습니까? | 있습니다 |
|---|---|---|---|
| ある/いる | | ありますか/いますか | あります/います |
| 없다 | → | 없습니까? | 없습니다 |
| ない/いない | | ありませんか/いませんか | ありません/いません |

　　가 있습니까?　　　　　　　　　이 있습니까?

　　가 있습니다　　　　　　　　　이 있습니다
　　가 없습니다　　　　　　　　　이 없습니다

숙제가 있습니까?　宿題がありますか。　　숙제가 있습니다.　宿題があります。
수업이 있습니까?　授業がありますか。　　수업이 없습니다.　授業がありません。
동생이 있습니까?　妹(弟)がいますか。　　동생이 없습니다.　妹(弟)がいません。

＊「있습니까?」の質問に対して、「ノー」の場合は「없습니다」と答えましょう。
　「있지 않습니다」と答えると不自然な文になります。

제7과 학교에 기숙사가 있습니까?

③
**ㄹ변칙 용언**　　　ㄹ変則用言

　語幹がㄹで終わる動詞・形容詞を「ㄹ変則用言」と言います。この「ㄹ変則用言」は「ㄹ脱落語幹＋ㅂ니다」で丁寧形になります。「ㄹ変則用言」の後に「ㄴ, ㅂ, ㅅ」で始まる活用形が続く場合、「ㄹ脱落語幹」になります。

　　ㄹ脱落語幹　ㅂ니까?　　　　　　　ㄹ脱落語幹　ㅂ니다

놀다 遊ぶ　　⇒　　놉니까? 遊びますか。　　　놉니다 遊びます。
멀다 遠い　　⇒　　멉니까? 遠いですか。　　　멉니다 遠いです。

▶「ㄹ変則用言」の例
　살다 住む/暮らす　　만들다 作る　　　열다 開ける　　　날다 飛ぶ
　알다 知る/分かる　　팔다 売る　　　길다 長い　　　힘들다 しんどい

＊ 否定形にする場合は、ㄹ脱落を起こさず、そのまま「ㄹ語幹＋지 않다」になり、その丁寧形も「ㄹ語幹＋지 않습니다」になることに気を付けましょう。6課参照

놀다 遊ぶ　⇒　놀지 않다 遊ばない　　　　　놀지 않습니다 遊びません。

④
**～에 ①**　　　～に(場所)

　場所や位置関係を表す助詞で、「～に」とほぼ同じです。パッチムの有無に影響されません。

　　　　　　에

교실에 친구가 있습니다. 教室に友達がいます。
책상 위에 책이 있습니다. 机の上に本があります。

⑤
**～와/과**　　　～と

　並列・羅列を表す助詞で、「～と」と同じです。パッチムのない場合は「～와」を、パッチムのある場合は「～과」を使います。同じ意味で、口語的表現の「～하고(～と)」もあります。「～하고(～と)」は、パッチムの有無に関係なく使います。

　　　　　　와　　　　　　　　　　　　　　　과

개와 고양이 犬と猫　　　　　　　　책과 사전 本と辞書

61

## ⑥ 指示表現

|  | 이 コノ | 그 ソノ | 저 アノ | 어느 ドノ |
|---|---|---|---|---|
| 人 | 이 사람　この人<br>이분　　　この方<br>이 학생 | 그 사람　その人<br>그분　　　その方<br>그 학생 | 저 사람　あの人<br>저분　　　あの方<br>저 학생 | 어느 사람　どの人<br>어느 분　　どの方<br>어느 학생 |
| モノ | 이것　これ<br>이 책 | 그것　それ<br>그 책 | 저것　あれ<br>저 책 | 어느 것　どれ<br>어느 책 |
| 場所 | 여기　ここ<br>이곳 | 거기　そこ<br>그곳 | 저기　あそこ<br>저곳 | 어디　どこ<br>어느 곳 |

＊곳 = 장소 場所

## ⑦ 所有表現　～의　　～の

所有を表す「～의(～の)」は[에(エ)]と発音されます。さらに、所有関係が明らかな場合や会話表現においては、「～의(～の)」は縮約されることや省略されることも多いです。

| 누구　＋ 의 | ➔ 누구의　[누구에] | 누구(의) 사전 |
| 지수 씨＋ 의 | ➔ 지수 씨의 [지수 씨에] | 지수 씨(의) 책 |
| 나　　＋ 의 | ➔ 나의 = 내 | 내 가방 |
| 저　　＋ 의 | ➔ 저의 = 제 | 제 책 |

## ⑧ 位置表現

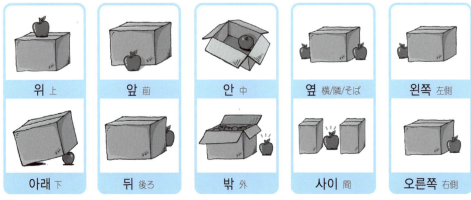

위 上　　앞 前　　안 中　　옆 横/隣/そば　　왼쪽 左側
아래 下　　뒤 後ろ　　밖 外　　사이 間　　오른쪽 右側

＊밑 真下　　　＊속 狭い中

## 연 습   練習

▶ 下の絵を参考に、存在表現を練習しましょう。

1  ＿＿＿＿＿＿ があります。 ＿＿＿＿＿＿ がありません。

> 보기  의자가 있습니다.
> 책상이 없습니다.

보기) 의자(○)   1) 시계(○)   2) 컴퓨터(○)   3) 카메라(○)   4) 오빠(○)
　　　책상(×)  　　사전(×)  　　노트(×)  　　연필(×)  　　언니(×)

63

▶ [2-3] 下の絵を参考に、位置関係と存在表現を練習しましょう。

| 보기 | 1 | 2 | 3 | 4 |
|---|---|---|---|---|
| 책상 위 机の上 | 의자 옆 椅子の横 | 교실 안 教室の中 | 책상 아래 机の下 | 집 앞 家の前 |
| 지우개/연필 消しゴム/鉛筆 | 개/고양이 犬/猫 | 책상/의자 机/椅子 | 가방/우산 かばん/傘 | 나무/자동차 木/自動車 |

**2** ＿＿＿＿＿＿ に ＿＿＿＿＿＿ があります。

> 보기
> 책상 위에 지우개가 있습니다.
> 책상 위에 연필이 있습니다.

보기) 책상 위　　1) 의자 옆　　2) 교실 안　　3) 책상 아래　　4) 집 앞
　　　지우개　　　　개　　　　　책상　　　　　가방　　　　　나무
　　　연필　　　　　고양이　　　의자　　　　　우산　　　　　자동차


**3** 가: 何がありますか。　　　나: ＿＿＿＿ と ＿＿＿＿ があります。
　　가: どこにありますか。　 나: ＿＿＿＿ にあります。

> 보기
> 가: 무엇이 있습니까?
> 나: 지우개와 연필이 있습니다.
> 가: 어디에 있습니까?
> 나: 책상 위에 있습니다.

보기) 지우개　　1) 개　　　　2) 책상　　　3) 가방　　　4) 나무
　　　연필　　　　고양이　　　의자　　　　우산　　　　자동차
　　　책상 위　　의자 옆　　　교실 안　　 책상 아래　　집 앞

▶ [4-5] 下の絵を参考に、指示表現と所有表現を練習しましょう。

4  가 : これは何ですか。　　　나 : ＿＿＿＿＿＿ です。

> 보기
> 가: 이것은 무엇입니까?
> 나: 사전입니다.

보기) 이것/사전　1) 그것/노트　2) 저것/수첩　3) 이것/핸드폰　4) 저것/가방


5  가 : これは何ですか。　나 : ＿＿＿＿ です。
　　가 : だれの ＿＿＿＿ ですか。　나 : ＿＿＿＿(さん)の ＿＿＿＿ です。

> 보기
> 가: 이것은 무엇입니까?
> 나: 사전입니다.
> 가: 누구의 사전입니까?
> 나: 우에다 씨의 사전입니다.

| 보기) 이것 | 1) 그것 | 2) 저것 | 3) 이것 | 4) 저것 |
|---|---|---|---|---|
| 사전 | 노트 | 수첩 | 핸드폰 | 가방 |
| 우에다 | 지수 | 저 | 제시카 | 마크 |

65

▶ 人を指す時の指示表現を練習しましょう。

 보기 이 사람 この人  언니 姉(←妹)

 1 저분 あの方  선생님 先生

 2 이분 この方  어머니 お母さん

3 이 사람 この人  친구 友達

 4 저분 あの方  아버지 お父さん

6 가: _____ はだれですか。　나 : 私の _____ です。

보기　가: 이 사람은 누구입니까?
　　　나: 제 언니입니다.

보기) 이 사람　　1) 저분　　2) 이분　　3) 이 사람　　4) 저분
　　　언니　　　　선생님　　　어머니　　　친구　　　　아버지

제7과 학교에 기숙사가 있습니까?

 話す

1. どこにありますか。ロールプレイ相手と話してみましょう。

> 보기
> 가: 이것은 무엇입니까?
> 나: 책입니다.
> 가: 어디에 있습니까?
> 나: 책상 위에 있습니다.

① 책   ② 핸드폰   ③ 컴퓨터   ④ 지갑   ⑤ 카메라
⑥ 고양이   ⑦ 가방   ⑧ 개   ⑨ 연필   ⑩ 시계

2. ロールプレイ相手と話し合って、以下の質問に韓国語で答えなさい。

1) 동생이 있습니까?

2) 집에 개가 있습니까?

3) 책상 위에 무엇이 있습니까?

4) 앞에 누가 있습니까?　　　　　　　　　　＊ 누가 だれが

5) 이것은 누구의 책입니까?

67

## 듣기 　　聞く

🎧23 ① 音声をよく聞いて、以下の絵に該当する会話の番号を書きなさい。

🎧24 ② スキットをよく聞いて、以下の文章について○か×で答えなさい。

1) 교실에 친구가 있습니다.　　（　　）

2) 선생님은 교실에 있습니다.　　（　　）

3) 교실 안에 에어컨이 있습니다.　　（　　）

🎧25 ③ 質問をよく聞いて、韓国語で答えを書きなさい。

1) _____

2) _____

3) _____

4) _____

5) _____

# 08 오후에 뭐 해요?

午後、何をしますか。

## 포인트 표현

ポイント表現

1. 오늘 학교에 가요?
   - 네, 가요.
   - 아뇨, 안 가요.

2. 오후에 친구를 만나요.
3. 백화점에서 쇼핑해요.

今日学校に行きますか。
—はい、行きます。
—いいえ、行きません。

午後、友達に会います。
デパートでショッピングします。

1. 오늘 수업이 있어요?
2. 오후에 뭐 해요?
3. 어디에서 친구를 만나요?

## DIALOGUE

1. 오늘 학교에 가요?
2. 아뇨, 안 가요. 오늘은 수업이 없어요.
3. 오후에 뭐 해요?
4. 약속이 있어요. 친구를 만나요.
5. 어디에서 만나요?
6. 백화점에서 만나요. 쇼핑해요.

## 발음  発音

**1** 連音化

| | | | |
|---|---|---|---|
| 오늘은 | [오느른] | 수업이 | [수어비] |
| 약속이 | [약쏘기] | 있어요 | [이써요] |

**2** 濃音化 : /ㄱ, ㄷ, ㅂ, ㅅ, ㅈ/ ⇒ [ㄲ, ㄸ, ㅃ, ㅆ, ㅉ]

| | | | |
|---|---|---|---|
| 학교 | [학꾜] | 약속이 | [약쏘기] |
| 없어요 | [업써요] | | |

**3** 激音化 : /ㄱ, ㄷ, ㅂ/ + /ㅎ/ ⇒ [ㅋ, ㅌ, ㅍ]

백화점   [배콰점]

70

**표현 및 단어** 表現 & 単語

| | |
|---|---|
| 오늘 | 今日。cf.어제(昨日)ー오늘(今日)ー내일(明日) |
| 학교 | 学校。 |
| ~에 | ~に(~へ)。移動の目的地や方向を表します。 |
| 가요? | 行きますか。うちとけた丁寧形です。<br>＊「가다(行く)＋아/어/여요」「가다(行く)＋(스)ㅂ니다」 |
| 아뇨 | いいえ。「아니요」の縮約形。 |
| 수업 | 授業。 |
| 없어요 | ありません。＊「없다(ない)＋아/어/여요」「없다(ない)＋(스)ㅂ니다」 |
| 오후 | 午後。⇔ 오전(午前) |
| 뭐 | 何。 |
| 해요? | しますか。＊「하다(する)＋아/어/여요」「하다(する)＋(스)ㅂ니다」 |
| 약속 | 約束。 |
| 있어요 | あります。＊「있다(ある/いる)＋아/어/여요」「있다(ある/いる)＋(스)ㅂ니다」 |
| 친구 | 友達。 |
| 만나요 | 会います。＊「만나다(会う)＋아/어/여요」「만나다(会う)＋(스)ㅂ니다」<br>＊「~를/을 만나다(~に会う)」 |
| 어디 | どこ。 |
| 백화점 | デパート。백화점［百貨店］ |
| 에서 | ~で。場所を表します。 |
| 쇼핑해요 | ショッピングします。＊「쇼핑하다(ショッピングする)＋아/어/여요」<br>「쇼핑하다(ショッピングする)＋(스)ㅂ니다」 |

**본문번역** 本文翻訳

| | | |
|---|---|---|
| 上田 | ① | 今日学校に行きますか。 |
| 金チス | ② | いいえ、行きません。今日は授業がありません。 |
| 上田 | ③ | 午後、何をしますか。 |
| 金チス | ④ | 約束があります。友達に会います。 |
| 上田 | ⑤ | どこで会いますか。 |
| 金チス | ⑥ | デパートで会います。ショッピングします。 |

71

## 문법  文法

### ① ~아요 / 어요 / 여요(해요)　　~です/~(し)ます

うちとけた丁寧形で、文章より会話の場面でよく使われます。イントネーションを上に上げると疑問文「~아요?/어요?/여요?」になり、イントネーションを下げると平叙文「~아요/어요/여요」になります。

> 陽母音：語幹末尾の母音が「ト, ㅗ」
> 陰母音：語幹末尾の母音が「ト, ㅗ」以外のものすべて

| 陽母音語幹 | 아요? | 陽母音語幹 | 아요 |
| 陰母音語幹 | 어요? | 陰母音語幹 | 어요 |
| 하 語幹 | 여요? ⇒ 해요? | 하 語幹 | 여요 ⇒ 해요 |

**1　陽母音(ト, ㅗ)語幹 ＋ 아요**

| 살다 住む/暮らす | 살+아요 | 살아요? 暮らしますか。 | 살아요 暮らします。 |
| 앉다 座る | 앉+아요 | 앉아요? 座りますか。 | 앉아요 座ります。 |
| 좋다 良い | 좋+아요 | 좋아요? 良いですか。 | 좋아요 良いです。 |
| 놀다 遊ぶ | 놀+아요 | 놀아요? 遊びますか。 | 놀아요 遊びます。 |

☞ 縮約の場合：パッチムのない陽母音語幹に「＋아요」が接続する場合は縮約されます。

① ト ＋ 아요 ➡ 아요

| 가다 行く | 가+아요 | 가요? 行きますか。 | 가요 行きます。 |
| 사다 買う | 사+아요 | 사요? 買いますか。 | 사요 買います。 |

② ㅗ ＋ 아요 ➡ 와요

| 오다 来る | 오+아요 | 와요? 来ますか。 | 와요 来ます。 |
| 보다 見る | 보+아요 | 봐요? 見ますか。 | 봐요 見ます。 |

第8과 오후에 뭐 해요?

## 2 陰母音（陽母音以外のすべて）語幹 ＋ 어요

| | | | | |
|---|---|---|---|---|
| 먹다 食べる | 먹＋어요 | 먹어요? 食べますか。 | 먹어요 食べます。 |
| 있다 ある/いる | 있＋어요 | 있어요? ありますか。 | 있어요 あります。 |
| 읽다 読む | 읽＋어요 | 읽어요? 読みますか。 | 읽어요 読みます。 |

☞ 縮約の場合：パッチムのない陰母音語幹に「＋어요」が接続する場合は縮約されます。

### ① ㅓ ＋ 어요 ➡ 어요

| | | | | |
|---|---|---|---|---|
| 서다 立つ | 서 ＋어요 ⇒ 서요? 立ちますか。 | 서요 立ちます。 |
| 건너다 渡る | 건너＋어요 ⇒ 건너요? 渡りますか。 | 건너요 渡ります。 |

### ② ㅜ ＋ 어요 ➡ 워요

| | | | | |
|---|---|---|---|---|
| 주다 あげる | 주 ＋어요 ⇒ 줘요? あげますか。 | 줘요 あげます。 |
| 배우다 習う/学ぶ | 배우＋어요 ⇒ 배워요? 習いますか。 | 배워요 習います。 |

### ③ ㅣ ＋ 어요 ➡ 여요

| | | | | |
|---|---|---|---|---|
| 마시다 飲む | 마시＋어요 ⇒ 마셔요? 飲みますか。 | 마셔요 飲みます。 |
| 다니다 通う | 다니＋어요 ⇒ 다녀요? 通いますか。 | 다녀요 通います。 |

### ④ ㅐ ＋ 어요 ➡ 애요

| | | | | |
|---|---|---|---|---|
| 보내다 送る | 보내＋어요 ⇒ 보내요? 送りますか。 | 보내요 送ります。 |
| 끝내다 終える | 끝내＋어요 ⇒ 끝내요? 終えますか。 | 끝내요 終えます。 |

## 3 하語幹 ＋ 여요 ➡ 하여요 ➡ 해요

| | | | | |
|---|---|---|---|---|
| 하다 する | 하 ＋여요 | 해요? しますか。 | 해요 します。 |
| 공부하다 勉強する | 공부하＋여요 | 공부해요? 勉強しますか。 | 공부해요 勉強します。 |
| 일하다 働く | 일하 ＋여요 | 일해요? 働きますか。 | 일해요 働きます。 |
| 좋아하다 好きだ | 좋아하＋여요 | 좋아해요? 好きですか。 | 좋아해요 好きです。 |

## 4 으変則用言の場合 ： 으 ＋ 어요 ➡ 어요 / 으 ＋ 아요 ➡ 아요

＊＜으変則活用＞の詳細は11課参照

| | | | | |
|---|---|---|---|---|
| 쓰다 書く | 쓰 ＋어요 | 써요? 書きますか。 | 써요 書きます。 |
| 기쁘다 嬉しい | 기쁘＋어요 | 기뻐요? 嬉しいですか。 | 기뻐요 嬉しいです。 |
| 바쁘다 忙しい | 바쁘＋아요 | 바빠요? 忙しいですか。 | 바빠요 忙しいです。 |
| 아프다 痛い | 아프＋아요 | 아파요? 痛いですか。 | 아파요 痛いです。 |

73

## ② 안~ 否定 ②

動詞・形容詞などの用言の前に「안」をつけて、その用言を否定することができます。
＊6課で学習した否定形「〜지 않다」「〜지 않습니다」と同じ表現です。

안 [　　　] 　　　안 가요　　　안 갑니다　　行きません。

[　　　] 지 않다　　가지 않아요　　가지 않습니다　行きません。

가다 行く　　⇒ 내일은 학교에 안 가요. (안 갑니다.)　　　明日は学校に行きません。

　　　　　　⇒ 내일은 학교에 가지 않아요. (가지 않습니다.)　明日は学校に行きません。

＊「공부하다」、「운동하다」のように「名詞＋하다」の動詞の場合は名詞と하다の間に「안」をつけます。

　공부하다 ⇒ 공부 안 해요. (공부 안 합니다.)


## ③ ~에서 〜で(場所)

場所を表す助詞です。パッチムの有無に影響されません。

[　　　] 에서 　　　학교에서 한국어를 배웁니다. 学校で韓国語を習います。


## ④ ~에 ②③

〜に(〜へ)(移動の目的地) ②
〜に(時間) ③

### 1 移動の目的地や方向を表す場合：

助詞「〜に(〜へ)」と同じです。パッチムの有無に影響されません。

[　　　] 에 　　　학교에 가요. 学校に行きます。

＊方向を表す場合の助詞「〜へ」の意味としては、「〜(으)로」があります。20課参照。


### 2 時間を表す場合：

「〜に」と同じです。パッチムの有無に影響されません。

[　　　] 에 　　　주말에 아르바이트해요. 週末にアルバイトします。

＊「〜에」の主な用法としては、① 場所・位置関係、② 移動の目的地・方向、③ 時間関係をあげることができます。

　① 場所・位置関係の用法は7課参照。

제8과 오후에 뭐 해요?

연 습　練習

▶ 下の絵を参考に、[1-2]の表現を練習しましょう。

**1** 가 : ＿＿＿＿＿(ㄴ)ㅂ니까. 나 : 네, ＿＿＿＿＿(ㄴ)ㅂ다.

보기)
가: 가요?
나: 네, 가요.

보기) 가다　　1) 사다　　2) 놀다　　3) 마시다　　4) 공부하다
5) 오다　　6) 보다　　7) 배우다　　8) 먹다　　9) 운동하다

**2** 가 : ＿＿＿＿(ㄴ)ㅂ니까. 나 : 아니요, ＿＿＿＿(ㄴ)ㅂ지 않습니다. ＿＿＿＿(ㄴ)ㅂ다.

보기)
가: 가요?
나: 아뇨, 안 가요. 와요.

보기) 가다(×)　1) 사다(×)　2) 놀다(×)　3) 마시다(×)　4) 공부하다(×)
　　 오다(○)　　 보다(○)　　 배우다(○)　　 먹다(○)　　 운동하다(○)

75

▶ 下の絵を参考に、[3-4]の表現を練習しましょう。

3 가 : どこへ行きますか。　　　　나 : ＿＿＿＿＿＿＿へ行きます。

> 보기
> 가: 어디에 가요?
> 나: 도서관에 가요.

보기) 도서관　　1) 백화점　　2) 극장　　3) 식당　　4) 학교


4 가 : どこへ行きますか。　　　　나 : ＿＿＿＿＿＿＿へ行きます。
　가 : ＿＿＿＿＿で何をしますか。　나 : ＿＿＿＿＿＿＿(し)ます。

> 보기
> 가: 어디에 가요?
> 나: 도서관에 가요.
> 가: 도서관에서 뭐 해요?
> 나: 책을 읽어요.

보기) 도서관　　1) 백화점　　2) 극장　　3) 식당　　4) 학교
　　　책을 읽다　　쇼핑을 하다　영화를 보다　점심을 먹다　공부하다

 話す

① 以下の絵を参考に、ロールプレイ相手と話し合ってみましょう。

 가: 뭐 해요?
나: 책을 읽어요.

② ロールプレイ相手と話し合って、以下の質問に韓国語で答えなさい。

1) 주말에 뭐 해요?
2) 오늘 한국어 수업이 있어요?
3) 오늘 숙제가 있어요?
4) 어디에서 아르바이트해요?
5) 어디에서 점심을 먹어요?

## 듣기  聞く

**① 28** 音声をよく聞いて、該当する番号を書きなさい。

例

**② 29** スキットをよく聞いて、以下の文章について○か×で答えなさい

1) 오후에 도서관에서 책을 읽어요.　　(　　)

2) 편의점에서 아르바이트를 해요.　　(　　)

3) 주말에는 집에서 쉬어요.　　(　　)

**③ 30** 質問をよく聞いて、韓国語で答えを書きなさい。

1) _____

2) _____

3) _____

4) _____

5) _____

# 09 토요일에 뭐 했어요?

土曜日に何をしましたか。

 **포인트 표현**　　　　　　　　　　　　ポイント表現

1. 토요일에 뭐 했어요?　　　　　土曜日に何をしましたか。
    - 게임을 했어요.　　　　　　　－ ゲームをしました。
2. 지수 씨는요?　　　　　　　　　チスさんは？
3. 백화점에 가서 쇼핑했어요.　　 デパートに行ってショッピングしました。
4. 고마워요.　　　　　　　　　　有難うございます。

1. 우에다 씨는 토요일에 뭐 했어요?
2. 지수 씨는 토요일에 뭐 했어요?　　3. 지수 씨는 무엇을 샀어요?

**DIALOGUE**

 1. 우에다 씨, 토요일에 뭐 했어요?

 2. 집에서 게임을 했어요.

3. 지수 씨는요?

 4. 친구하고 백화점에 가서 쇼핑했어요.

 5. 뭘 샀어요?

 6. 가방을 샀어요. 이 가방 어때요?

 7. 아주 잘 어울려요.

 8. 고마워요.

## 발음   発音

① 連音化

| 토요일에 | [토요이레] | 했어요? | [해써요?] |
| 집에서 | [지베서] | 게임을 | [게이믈] |
| 쇼핑했어요 | [쇼핑해써요] | 샀어요? | [사써요?] |

② 激音化 : /ㄱ, ㄷ, ㅂ/ + /ㅎ/ ⇒ [ㅋ, ㅌ, ㅍ]

백화점    [배콰점]

80

제9과 토요일에 뭐 했어요?

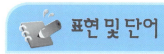 표현 및 단어　表現 & 単語

| 토요일 | 土曜日。 |
| 했어요? | しましたか。 |
| | *「하다(する)＋였(過去)＋아/어/여요」「하다(する)＋였(過去)＋(스)ㅂ니다」 |
| 집 | 家。 |
| 게임 | ゲーム。 |
| ～는요? | ～は?「～는(～は)＋요?」 |
| ～하고 | ～と。並列・羅列を表す助詞であり、「～와/과」と同じ意味です。 |
| | 話し言葉としては、「～와/과」より「～하고」の方がよく使われます。 |
| 쇼핑했어요 | ショッピングしました。*「쇼핑하다(ショッピングする)＋였(過去)＋어요」 |
| | 「쇼핑하다(ショッピングする)＋였(過去)＋(스)ㅂ니다」 |
| 뭘 | 何を。*「무엇(何)＋을(を)」の縮約形です。 |
| 가방 | かばん。 |
| 샀어요 | 買いました。 |
| | *「사다(買う)＋았(過去)＋아/어/여요」「사다(買う)＋았(過去)＋(스)ㅂ니다」 |
| 아주 | とても。 |
| 잘 어울려요 | とてもお似合いです。*「잘(よく)＋어울리다(似合う)」 |
| | *「어울리다(似合う)＋아/어/여요」「어울리다(似合う)＋(스)ㅂ니다」 |
| 고마워요 | 有難うございます。 |
| | *「고맙다(ありがたい)＋아/어/여요」「고맙다(ありがたい)＋(스)ㅂ니다」 |

### 본문번역　本文翻訳

金チス ① 上田さん、土曜日に何をしましたか。
上田 ② 家でゲームをしました。
③ チスさんは？
金チス ④ 友達とデパートに行ってショッピングしました。
上田 ⑤ 何を買いましたか。
金チス ⑥ かばんを買いました。このかばんいかがですか(どうですか)。
上田 ⑦ とてもお似合いです。
金チス ⑧ 有難うございます。

81

## 문법　文法

### ① ～았/었/였(했)～　　～た(過去形)

過去形は動詞・形容詞の用言に「～았/었/였～」をつけて作ります。うちとけた丁寧形を作る時と同様に、語幹末の母音が陽母音(ㅏ,ㅗ)か陰母音(ㅏ,ㅗ以外)か、あるいは「～하다」かによって形が変わります。

> 陽母音：語幹末尾の母音が「ㅏ,ㅗ」
> 陰母音：語幹末尾の母音が「ㅏ,ㅗ」以外のものすべて

| 陽母音語幹 | 았 + 어요 | | 陽母音語幹 | 았 + 습니다 |
| 陰母音語幹 | 었 + 어요 | | 陰母音語幹 | 었 + 습니다 |
| 하 語幹 | 였 + 어요 ⇒ 했어요 | | 하 語幹 | 였 + 습니다 ⇒ 했습니다 |

**1　陽母音(ㅏ,ㅗ)語幹 + 았 + 어요**

| 살다 住む/暮らす | 살+았+어요 | 살았어요 | 살았습니다 暮らしました。 |
| 앉다 座る | 앉+았+어요 | 앉았어요 | 앉았습니다 座りました。 |
| 좋다 良い | 좋+았+어요 | 좋았어요 | 좋았습니다 良かったです。 |
| 놀다 遊ぶ | 놀+았+어요 | 놀았어요 | 놀았습니다 遊びました。 |

☞ 縮約の場合：パッチムのない陽母音語幹に「＋았」が接続すると、縮約されます。

① ㅏ ＋ 았 ＋ 어요 ➡ ㅏ았어요

| 가다 行く | 가+았+어요 | 갔어요 | 갔습니다 行きました。 |
| 사다 買う | 사+았+어요 | 샀어요 | 샀습니다 買いました。 |

② ㅗ ＋ 았 ＋ 어요 ➡ 왔어요

| 오다 来る | 오+았+어요 | 왔어요 | 왔습니다 来ました。 |
| 보다 見る | 보+았+어요 | 봤어요 | 봤습니다 見ました。 |

第9과 토요일에 뭐 했어요？

## 2 陰母音(陽母音以外全部)語幹 ＋ 었 ＋ 어요

| | | | | |
|---|---|---|---|---|
| 먹다 食べる | 먹＋었＋어요 | 먹었어요 | 먹었습니다 | 食べました。 |
| 있다 ある/いる | 있＋었＋어요 | 있었어요 | 있었습니다 | いました。 |
| 읽다 読む | 읽＋었＋어요 | 읽었어요 | 읽었습니다 | 読みました。 |

👉 縮約の場合：パッチムのない陰母音語幹に「＋었」が接続すると、縮約されます。

### ① ㅓ ＋ 었 ＋ 어요 ➡ 었어요

| | | | | |
|---|---|---|---|---|
| 서다 立つ | 서 ＋었＋어요 | 섰어요 | 섰습니다 | 立ちました。 |
| 건너다 渡る | 건너＋었＋어요 | 건넜어요 | 건넜습니다 | 渡りました。 |

### ② ㅜ ＋ 었 ＋ 어요 ➡ 웠어요

| | | | | |
|---|---|---|---|---|
| 주다 あげる | 주 ＋었＋어요 | 줬어요 | 줬습니다 | あげました。 |
| 배우다 習う/学ぶ | 배우＋었＋어요 | 배웠어요 | 배웠습니다 | 習いました。 |

### ③ ㅣ ＋ 었 ＋ 어요 ➡ 였어요

| | | | | |
|---|---|---|---|---|
| 마시다 飲む | 마시＋었＋어요 | 마셨어요 | 마셨습니다 | 飲みました。 |
| 다니다 通う | 다니＋었＋어요 | 다녔어요 | 다녔습니다 | 通いました。 |

### ④ ㅐ ＋ 었 ＋ 어요 ➡ 앴어요

| | | | | |
|---|---|---|---|---|
| 보내다 送る | 보내＋었＋어요 | 보냈어요 | 보냈습니다 | 送りました。 |
| 끝내다 終える | 끝내＋었＋어요 | 끝냈어요 | 끝냈습니다 | 終えました。 |

## 3 하(する)語幹 ＋ 였 ＋ 어요 ➡ 하였어요 ➡ 했어요

| | | | | |
|---|---|---|---|---|
| 하다 する | 하 ＋였＋어요 | 했어요 | 했습니다 | しました。 |
| 공부하다 勉強する | 공부하＋였＋어요 | 공부했어요 | 공부했습니다 | 勉強しました。 |
| 일하다 働く | 일하 ＋였＋어요 | 일했어요 | 일했습니다 | 働きました。 |
| 좋아하다 好きだ | 좋아하＋였＋어요 | 좋아했어요 | 좋아했습니다 | 好きでした。 |

## 4 으変則用言の場合 ： 으 ＋ 었 ＋ 어요 / 으 ＋ 았 ＋ 어요

＊＜으変則用言＞の詳細は11課参照

| | | | | |
|---|---|---|---|---|
| 쓰다 書く | 쓰 ＋었＋어요 | 썼어요 | 썼습니다 | 書きました。 |
| 기쁘다 嬉しい | 기쁘＋었＋어요 | 기뻤어요 | 기뻤습니다 | 嬉しかったです。 |
| 바쁘다 忙しい | 바쁘＋았＋어요 | 바빴어요 | 바빴습니다 | 忙しかったです。 |
| 아프다 痛い | 아프＋았＋어요 | 아팠어요 | 아팠습니다 | 痛かったです。 |

83

② **～ㅂ변칙용언**　　　　　　　～ㅂ変則用言

　語幹末が「～ㅂ」である用言の多く、特に形容詞のほとんどが「ㅂ変則用言」です。この「ㅂ変則用言」の「～ㅂ」の後に母音が続くと、「～ㅂ」は「～우」に交替されます。この時のうちとけた丁寧形は「～우＋～어요」が縮約され「～워요」となります。過去形の場合も「～우＋～었」が縮約され「～웠」の形になります。

1　丁寧形：～ㅂ語幹＋아/어요　➡　～우＋아/어요　➡　워요

|  |  |  |  |  |
|---|---|---|---|---|
| 쉽다 易しい | 쉽+어요 | ⇒ 쉬우+어요 | 쉬워요 | 쉽습니다 易しいです。 |
| 덥다 暑い | 덥+어요 | ⇒ 더우+어요 | 더워요 | 덥습니다 暑いです。 |

2　過去形：～ㅂ語幹＋았/었＋어요　➡　～우＋았/었＋어요　➡　웠어요

|  |  |  |  |  |
|---|---|---|---|---|
| 어렵다 難しい | 어렵+었+어요 | ⇒ 어려우+었+어요 | 어려웠어요 | 어려웠습니다 難しかったです。 |
| 춥다　寒い | 춥 +었+어요 | ⇒ 추우 +었+어요 | 추웠어요 | 추웠습니다　寒かったです。 |

▶「ㅂ変則用言」の例です。

| | | | |
|---|---|---|---|
| 맵다　辛い | 쉽다　易しい | 어렵다 難しい | 덥다　暑い |
| 춥다　寒い | 무겁다 重い | 뜨겁다 熱い | 고맙다 有難い |
| 반갑다 嬉しい | 즐겁다 楽しい | 외롭다 寂しい | 부럽다 うらやましい |

「ㅂ変則用言」ではない規則用言があることに気をつけましょう。

*입다 着る　　*잡다 取る/捕まえる　　*좁다 狭い

③ **요일**　　　　　　　　　曜日

| 日曜日 | 月曜日 | 火曜日 | 水曜日 | 木曜日 | 金曜日 | 土曜日 |
|---|---|---|---|---|---|---|
| 일요일 | 월요일 | 화요일 | 수요일 | 목요일 | 금요일 | 토요일 |

가 : **오늘은 무슨 요일입니까?**　　今日は何曜日ですか。

나 : **수요일입니다.**　　水曜日です。

가 : **어제는 무슨 요일이었습니까?**　昨日は何曜日でしたか。

나 : **화요일이었습니다.**　　火曜日でした。

84

第9課 토요일에 뭐 했어요?

④

**~아서/어서/여서(해서) ①**　　　~(し)て(順序)

事柄の前後関係の順序を表す「~아서/어서/여서」は、日本語の「~(し)て」と大体同じです。

| 陽母音語幹 | 아서 |

| 陰母音語幹 | 어서 |

| 하 語幹 | 여서 ⇒ 해서 |

| 가다 | 行く | ⇒ | 도서관에 **가서** 책을 빌려요. | 図書館に行って本を借ります。 |
| 만들다 | 作る | ⇒ | 케이크를 만들**어서** 선물해요. | ケーキを作ってプレゼントします。 |
| 포장하다 | 包装する | ⇒ | 포장**해서** 보내요. | 包装して送ります。 |

過去の事柄の前後関係の順序を表すときも同様です。

| 도서관에 갔어요. 책을 빌렸어요. | ⇒ | 도서관에 **가서** 책을 빌렸어요. |
| 図書館館に行きました。本を借りました。 | ⇒ | 図書館に行って本を借りました。 |

⑤

**~는요?/ 은요?**　　　~は?

「~は?」の意味で、述部を省略した形の会話表現です。パッチムがあれば「~은요?」、パッチムがなければ「~는요?」になります。

| | 는요? | | | 은요? |

친구**는요?** 友達は?　　　　　선생님**은요?** 先生は?

85

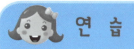

練習

▶ 下のスケジュールを参考に、[1-2]の表現を練習しましょう。

| 월요일 月曜日 | 화요일 火曜日 | 수요일 水曜日 | 목요일 木曜日 | 금요일 金曜日 | 토요일 土曜日 | 일요일 日曜日 |
|---|---|---|---|---|---|---|
| 보기 | 1 | 2 | 3 | 4 | 5 | 6 |
| 친구를 만나다<br>友達に会う | 영화를 보다<br>映画を見る | 커피를 마시다<br>コーヒーを飲む | 책을 읽다<br>本を読む | 운전을 배우다<br>運転を習う | 쇼핑하다<br>ショッピングする | 운동하다<br>運動する |

**1** 가 : 昨日何をしましたか。　　나 : ………………(를/을) ………………(し)ました。

보기
가: 어제 뭐 했어요?
나: 친구를 만났어요.

보기) 친구를 만나다　1) 영화를 보다　2) 커피를 마시다　3) 책을 읽다
　　　　　　　　　4) 운전을 배우다　5) 쇼핑하다　6) 운동하다

**2** 가 : ………………に ……………… を ………………(し)ましたか。
　나 : いいえ、 ……………… を ………………(し)ませんでした。

보기
가: 월요일에 친구를 만났어요?
나: 아니요. 친구를 안 만났어요.
　　아니요. 친구를 만나지 않았어요.

보기) 월요일　　　1) 화요일　　　2) 수요일　　　3) 목요일
　　　친구를 만나다　　영화를 보다　　커피를 마시다　　책을 읽다

　　　　　　　　　4) 금요일　　　5) 토요일　　　6) 일요일
　　　　　　　　　운전을 배우다　　쇼핑하다　　　운동하다

제9과 토요일에 뭐 했어요?

# 3 _____ (し)て _____ ます/ました。

> **보기**　백화점에 가서 쇼핑해요.

보기) 백화점에 가요. / 쇼핑해요.

1) 도서관에 가요. / 책을 빌려요.　　図書館に行きます。/ 本を借ります。

2) 친구를 만나요. / 커피를 마셔요.　　友達に会います。/ コーヒーを飲みます。

3) 은행에 가요. / 돈을 찾아요.　　銀行に行きます。/ お金をおろします。

4) 집에 돌아와요. / 숙제를 해요.　　家に帰ります。/ 宿題をします。

5) DVD를 빌렸어요. / 집에서 봤어요.　　DVDを借りました。/ 家で見ました。

6) 케이크를 만들었어요. / 선물했어요.　　ケーキを作りました。/ プレゼントしました。

7) 소설책을 샀어요. / 읽었어요.　　小説の本を買いました。/ 読みました。

87

▶ 以下は「〜ㅂ変則用言」の例(ただし、＊は規則用言)です。これら①から⑮の用言を用いて、[4-6]の表現を練習しましょう。

**4** 가 : _____ 입니다.    나 : _____ 었습니다.

| 보기 | 맵습니다. / 매워요.<br>매웠습니다. / 매웠어요. |
|---|---|

**5** 가 : _____ 입니까.    나 : 아니오, _____ 지 않습니다.

| 보기 | 가: 매워요?<br>나: 아뇨, 안 매워요. / 아뇨, 맵지 않아요. |
|---|---|

**6** 가 : _____ 었습니까.    나 : 아니오, _____ 지 않았습니다.

| 보기 | 가: 매웠어요?<br>나: 아뇨, 안 매웠어요. / 아뇨, 맵지 않았어요. |
|---|---|

88

① 下のスケジュールを参考に、ロールプレイ相手と話し合いましょう。

> 보기
> 가: 우에다 씨, 토요일에 뭐 했어요?
> 나: 커피숍에서 친구를 만났어요. 지수 씨는요?
> 가: 저는 집에서 청소했어요.

|  | 월요일 | 화요일 | 수요일 | 목요일 | 금요일 | 토요일 | 일요일 |
|---|---|---|---|---|---|---|---|
| 우에다 | 학원<br>塾<br><br>아르바이트를 하다<br>アルバイトする | 도서관<br>図書館<br><br>책을 읽다<br>本を読む | 자동차 학원<br>自動車学校<br><br>운전을 배우다<br>運転を習う | 공원<br>公園<br><br>운동하다<br>運動する | 노래방<br>カラオケ<br><br>노래를 하다<br>歌を歌う | 커피숍<br>コーヒーショップ<br><br>친구를 만나다<br>友達に会う | 집<br>家<br><br>자다<br>寝る |
| 지수 | 학교<br>学校<br><br>테니스를 치다<br>テニスをする | 극장<br>映画館<br><br>영화를 보다<br>映画を見る | 문화 센터<br>文化センター<br><br>요리를 배우다<br>料理を習う | 학교<br>学校<br><br>공부하다<br>勉強する | 놀이공원<br>テーマパーク<br><br>친구와 놀다<br>友達と遊ぶ | 집<br>家<br><br>청소하다<br>掃除する | 백화점<br>デパート<br><br>쇼핑하다<br>ショッピングする |

② ロールプレイ相手と話し合って、以下の質問に韓国語で答えなさい。

1) 어제 뭐 했어요?

2) 지난 주말에 뭐 했어요?

3) 아침에 뭐 먹었어요?

4) 한국어 수업은 무슨 요일에 있어요?

5) 내일 뭐 해요?

## 듣기 　　聞く

**33** ① 音声をよく聞いて、該当する曜日と事柄を線で結びなさい。

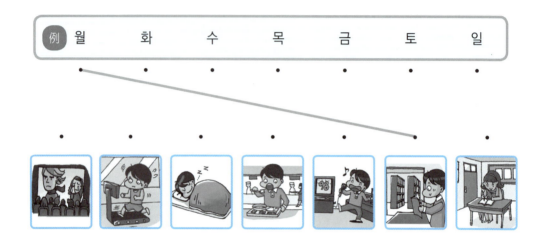

**34** ② スキットをよく聞いて、以下の文章について○か×で答えなさい。

　　1) 주말에 친구를 만났어요.　　(　　)

　　2) 집에서 영화를 봤어요.　　(　　)

　　3) 영화는 재미없었어요.　　(　　)

**35** ③ 質問をよく聞いて、韓国語で答えを書きなさい。

　　1) _____

　　2) _____

　　3) _____

　　4) _____

　　5) _____

# 10 이 바지 얼마예요?

このズボンいくらですか。

## 포인트 표현

ポイント表現

1. 얼마**예요?**     いくらですか。
2. 3,000엔**이 아니에요.**     3,000円ではありません。
3. 티셔츠**하고** 바지 **주세요.**     Tシャツとズボン下さい。
4. 안녕히 가**세요.**     さようなら(相手が去る時)。

1. 티셔츠는 얼마예요?    2. 바지는 얼마예요?
3. 지수 씨는 무엇을 샀어요?

## DIALOGUE

1. 어서 오세요.
2. 여기요, 이 티셔츠 3,000엔이에요?
3. 아뇨, 3,000엔이 아니에요. 2,500엔이에요.
4. 지금 세일 중이에요.
5. 이 바지는 얼마예요?
6. 바지는 5,000엔이에요.
7. 그럼, 이 티셔츠하고 바지 주세요.
8. 모두 7,500엔입니다.
9. 여기 있습니다.
10. 감사합니다. 안녕히 가세요.

 발 음   発 音

**1** 連音化

엔이에요　[에니에요]　　　엔입니다　[에님니다]

**2** 鼻音化① : /ㄱ, ㄷ, ㅂ/ ⇒ [ㅇ, ㄴ, ㅁ]

엔입니다　[에님니다]
있습니다　[읻씀니다]　　　감사합니다　[감사함니다]

**3** 濃音化 : /ㄱ, ㄷ, ㅂ, ㅅ, ㅈ/ ⇒ [ㄲ, ㄸ, ㅃ, ㅆ, ㅉ]

있습니다　[읻씀니다]

 表現 & 単語

| | |
|---|---|
| 어서 오세요 | いらっしゃいませ。かしこまった表現として「어서 오십시오」もあります。<br>＊「오다(来る)」「오시다(いらっしゃる)」 |
| 여기요 | あの〜。自分のほうに注意をひきたいときの呼びかけです。話しかけ始めの言葉として、「저기요(あの〜)」ともいいます。 |
| 티셔츠 | Tシャツ。 |
| 지금 | 今。 |
| 세일 | セール。 |
| ~중 | 〜中。〜(し)ている最中。 |
| 얼마 | いくら。 |
| ~하고 | と。並列・羅列を表す助詞であり、「〜와/과」と同じ意味です。話し言葉としては、「〜와/과」より「〜하고」がよく使われます。 |
| 바지 | ズボン。 |
| 모두 | 全部(で)。 |
| 여기 있습니다 | どうぞ。直訳すれば、「ここにあります」の意味です。<br>＊「있다(ある/いる)＋(스)ㅂ니다」 |
| 감사합니다 | 有難うございます。＊「감사하다(感謝する)＋(스)ㅂ니다」 |
| 안녕히 가세요 | さようなら(相手が去る時)。 |

## 본문번역　本文翻訳

| | | |
|---|---|---|
| 店員 | ① | いらっしゃいませ。 |
| 金チス | ② | あの、このTシャツ3,000円ですか。 |
| 店員 | ③ | いいえ、3,000円ではありません。2,500円です。 |
| | ④ | ただ今、セールしています(セール中です)。 |
| 金チス | ⑤ | このズボンはいくらですか。 |
| 店員 | ⑥ | ズボンは5,000円です。 |
| 金チス | ⑦ | では、このTシャツとズボンください。 |
| 店員 | ⑧ | 全部で、7,500円です。 |
| 金チス | ⑨ | どうぞ(ここにあります)。 |
| 店員 | ⑩ | 有難うございます。さようなら(相手が去る時)。 |

## 문법 文法

### ①

> ~예요? / ~예요
> ~이에요? / ~이에요
>
> ~ですか / ~です

「～입니다(～です)」と同様に、「～이다(～だ、～である)」の丁寧形ですが、日常会話のうちとけた場面や間柄で用いられます。「～예요?/~이에요?」の質問に対して「～예요/~이에요」と答えます。＊かしこまった表現は5課を参照。

|  |  |  |  |
|---|---|---|---|
|  | 예요?(입니까?) |  | 이에요?(입니까?) |
|  | 예요 (입니다) |  | 이에요 (입니다) |

친구**예요?** 友達ですか。　　친구**예요.** 友達です。
선생님**이에요?** 先生ですか。　　선생님**이에요.** 先生です。

### ②

> ~가/이 아니에요　　～ではありません

「～예요/~이에요」の否定形であり、「～가/이 아닙니다(～ではありません)」のうちとけた日常会話表現です。

|  |  |  |  |
|---|---|---|---|
|  | 가 아니에요 <br> (아닙니다) |  | 이 아니에요 <br> (아닙니다) |

친구**예요?** 友達ですか。　　친구**가 아니에요.** 友達ではありません。
선생님**이에요?** 先生ですか。　　선생님**이 아니에요.** 先生ではありません。

＊ 否定疑問文も可能です。5課参照。

친구**가 아니에요?** 友達ではありませんか。
선생님**이 아니에요?** 先生ではありませんか。

94

제10과 이 바지 얼마예요?

③

~(으)세요 / ~(으)십시오　　　　~(し)てください

　親切に命令する時や丁寧にお願いする時の「～(し)てください」の意味で使われます。「～(으)십시오」のほうが、よりかしこまった表現で、「～(으)세요」は一般的な日常会話表現として使われます。

| | 세요 |
|---|---|
| | 십시오 |

| | 으세요 |
|---|---|
| | 으십시오 |

보다 見る ⇒ 여기를 보세요.

읽다 読む ⇒ 책을 읽으세요.

여기를 보십시오. ここを見てください。

책을 읽으십시오. 本を読んでください。

④

~하고　　　　~と

　並列・羅列を表す助詞で、「～와/과(～と)」と同じです。「～와/과」は書き言葉に、「～하고」のほうは話し言葉に用いられ、パッチムの有無に関係なく使えます。＊7課参照。

| | 하고 |
|---|---|

교실에 책상하고 의자가 있습니다. 教室に机と椅子があります。

비빔밥하고 갈비하고 김치 주세요. ビビンパとカルビとキムチください。

⑤

~중이에요　　　　~中です(~しています)

　何かの活動をしている最中を表す時の表現で、「～中です」「～(し)ている最中です」の意味で使われます。パッチムの有無に関係なく使います。

| | 중이에요 |
|---|---|

식사 중이에요. 食事中です。

생각 중이에요. 考え中です。

95

**⑥** 숫자 ① 　　　　数字 ①（漢数字）

大きい数字には一般に漢数字を使います。漢数字は漢字の音読みに合わせて読みます。

| 一 | 二 | 三 | 四 | 五 | 六 | 七 | 八 | 九 | 十 |
|---|---|---|---|---|---|---|---|---|---|
| 일 | 이 | 삼 | 사 | 오 | 육 | 칠 | 팔 | 구 | 십 |
| 十一 | 十二 | 十三 | 十四 | 十五 | 十六 | 十七 | 十八 | 十九 | 二十 |
| 십일 | 십이 | 십삼 | 십사 | 십오 | 십육 | 십칠 | 십팔 | 십구 | 이십 |
| 二十一 | 二十二 | 二十三 | 二十四 | 二十五 | 二十六 | 二十七 | 二十八 | 二十九 | 三十 |
| 이십일 | 이십이 | 이십삼 | 이십사 | 이십오 | 이십육 | 이십칠 | 이십팔 | 이십구 | 삼십 |

＊注意：0は「공」と「영」　　　　１６십육[심뉵]　　　　２６이십육[이심뉵]

| 十 | 二十 | 三十 | 四十 | 五十 | 六十 | 七十 | 八十 | 九十 | 百 |
|---|---|---|---|---|---|---|---|---|---|
| 십 | 이십 | 삼십 | 사십 | 오십 | 육십 | 칠십 | 팔십 | 구십 | 백 |
| 百 | 二百 | 三百 | 四百 | 五百 | 六百 | 七百 | 八百 | 九百 | 千 |
| 백 | 이백 | 삼백 | 사백 | 오백 | 육백 | 칠백 | 팔백 | 구백 | 천 |
| 一 | 十 | 百 | 千 | 万 | 十万 | 百万 | 千万 | 億 | 兆 |
| 일 | 십 | 백 | 천 | 만 | 십만 | 백만 | 천만 | 억 | 조 |

＊注意：一万 ＝ 만(일만×)　　　　一千万 ＝ 천만(일천만×)

| 1月 | 2月 | 3月 | 4月 | 5月 | 6月 |
|---|---|---|---|---|---|
| 일월 | 이월 | 삼월 | 사월 | 오월 | 유월 |
| 7月 | 8月 | 9月 | 10月 | 11月 | 12月 |
| 칠월 | 팔월 | 구월 | 시월 | 십일월 | 십이월 |

＊ 何月何日：몇 월 며칠 [ 며둴 며칠 ]
＊ 6月6日：유월 육 일 [ 유월 유 길 ]　　　　10月10日：시월 십 일 [ 시월 시 빌 ]

**⑦** 조수사 ① 　　　　助数詞 ①

漢数字と共に使う助数詞には以下のようなものがあります。

| 일시 日時 | 년 年 | 월 月 | 일 日 |
|---|---|---|---|
| 돈 お金 | 원 ウォン | 엔 円 | 달러 ドル |
| 시간 時間 | 분 分 | 초 秒 | |
| 번호 番号 | 번 番 | 과 課 | 층 階　　　회 回 |
| 온도 温度 | 도 度 | | |

＊ 時間表現の시(時)は、一般的に漢数字を使わず、固有数字を使います。

제10과 이 바지 얼마예요?

 연 습  練習

▶ 下の絵を参考に、[1-2]の表現を練習しましょう。

1 가: _____ 이에요? 나: _____ 이에요.

보기
가: 어디예요?
나: 식당이에요.

보기) 어디      1) 누구      2) 뭐       3) 무슨 요일     4) 언제
      식당        형          시계        일요일          내일

2 가: _____ 이에요? 나: _____ 가 아니에요. _____ 이에요.

보기
가: 학교예요?
나: 학교가 아니에요. 식당이에요.

보기) 학교(×)   1) 동생(×)   2) 가방(×)   3) 토요일(×)   4) 오늘(×)
      식당(○)    형(○)        시계(○)      일요일(○)      내일(○)

97

3 가 : 電話番号は何番ですか。　　　　나 : ........................... です。

> 보기
>
> 가: 전화번호가 몇 번이에요?
> 나: 구칠오의 이사이사예요.

보기) 975-2424　　　　1) 472-1319　　　　2) 623-1405
　　3) 726-4989　　　　4) 253-8282　　　　5) 801-0237


4 가 : 今日は何日ですか。　　나 : ................ 月 ................ 日です。

> 보기
>
> 가: 오늘이 며칠이에요?
> 나: 오 월 십 일이에요.

보기) 5월 10일　　　　1) 6월 6일　　　　2) 7월 15일
　　3) 2월 18일　　　　4) 10월 3일　　　　5) 12월 24일

제10과 이 바지 얼마예요?

▶ 下の絵を参考に、[5]の表現を練習しましょう。

보기) 빵 1,000원 / 우유 800원
1) 햄버거 3,500원 / 콜라 900원
2) 바지 50,000원 / 신발 10,000원
3) 카메라 72,000원 / 전자사전 95,000원

**5** 가: 이 _____ 얼마예요.　　나: _____ ウォンです。
　　가: _____ と _____ ください。　나: 全部で _____ ウォンです。

보기
가: 이 빵 얼마예요?
나: 천 원이에요.
가: 빵하고 우유 주세요.
나: 모두 천팔백 원입니다.

보기) 빵　　　1) 햄버거　　2) 바지　　3) 카메라
　　　우유　　　　콜라　　　　신발　　　　전자사전

**6** _____ (し)てください。

보기
이름을 쓰세요.
이름을 쓰십시오.

이름을 쓰다
名前を書く

1) 책을 읽다
本を読む

2) 잠깐 기다리다
ちょっと待つ

3) 여기를 보다
ここを見る

4) 여기에 앉다
ここに座る

99

 말하기   話す

① いくらですか。役割を決めて買い物をしてみましょう。

샌드위치
2,500원

커 피
1,500원

 보기
가: 어서 오세요.
나: 이 샌드위치 얼마예요?
가: 2,500원이에요.
나: 커피는요?
가: 1,500원이에요.
나: 샌드위치하고 커피 주세요.
가: 모두 4,000원입니다.

치약 2,000원   칫솔 2,500원   휴지 500원   신문 500원

우유 800원   컵라면 900원   아이스크림 2,000원   맥주 1,500원

② 相手と話し合って、以下の質問に韓国語で答えなさい。

1) 볼펜이 얼마예요?

2) 햄버거가 얼마예요?

3) 한국어 책이 얼마예요?

4) 오늘이 며칠이에요?

5) 생일이 언제예요?

100

제10과 이 바지 얼마예요?

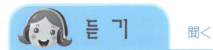  聞く

**38** ① 音声をよく聞いて、該当するものの値段を数字で書きなさい。

**39** ② スキットをよく聞いて、以下の文章について○か×で答えなさい。

1) 우에다 씨는 샴푸하고 린스를 샀어요. (　　)

2) 가게에 치약하고 칫솔이 없어요. (　　)

3) 모두 3,500원이에요. (　　)

**40** ③ 質問をよく聞いて、韓国語で答えを書きなさい。

1) 

2) 

3) 

4) 

5) 

101

# 11 아르바이트는 몇 시부터예요?

アルバイトは何時からですか。

##  포인트 표현   ポイント表現

1. 아르바이트는 몇 시부터예요?   アルバイトは何時からですか。
2. 2시 30분부터 5시까지입니다.   2時30分から5時までです。
3. 친구들이 많이 오니까 꼭 오세요.   友達がたくさん来るので是非来てください。
4. 6시쯤 가겠습니다.   6時頃行きます。

1. 7월 10일은 무슨 요일이에요?
2. 아르바이트는 몇 시부터 몇 시까지예요?
3. 우에다 씨는 생일 파티에 가요?

**DIALOGUE**

1. 다음 주 화요일에 바빠요?
2. 화요일이 며칠입니까?
3. 7월 10일이에요.
4. 그날은 아르바이트가 있습니다.
5. 그래요? 아르바이트는 몇 시부터예요?
6. 2시 30분부터 5시까지입니다. 왜요?
7. 우리 집에서 생일 파티를 해요.
8. 친구들이 많이 오니까 꼭 오세요.
9. 초대 고맙습니다. 6시쯤 가겠습니다.

## 발음  発音

① 連音化
　며칠입니까?　[며치림니까?]　　　그날은　　　[그나른]
　집에서　　　[지베서]

② 鼻音化① : /ㄱ, ㄷ, ㅂ/ ⇒ [ㅇ, ㄴ, ㅁ]
　며칠입니까?　[며치림니까?]　　있습니다　[잇씀니다]
　고맙습니다　[고맙씀니다]　　　가겠습니다　[가겟씀니다]

③ 濃音化 : /ㄱ, ㄷ, ㅂ, ㅅ, ㅈ/ ⇒ [ㄲ, ㄸ, ㅃ, ㅆ, ㅉ]
　있습니다　[잇씀니다]　　고맙습니다　[고맙씀니다]
　가겠습니다　[가겟씀니다]

④ ㅎ音の変化 : ㅎ音の脱落 : /ㅎ/ ＋ 母音 ⇒ [ㅎ] 脱落
　많이　　[마니]

104

제11과 아르바이트는 몇 시부터예요?

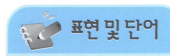 表現 & 単語

| 다음 주 | 来週。＊「다음(次)＋주(週)」 |
| 바빠요 | 忙しいです。＊「바쁘다(忙しい)＋아/어/여요」「바쁘다(忙しい)＋(스)ㅂ니다」 |
| 며칠입니까? | 何日ですか。＊「며칠(何日)＋입니까?」 |
| 몇 시 | 何時。＊「몇(何)＋시(時)」 |
| ~부터~까지 | ~から~まで。出発点から終点までを表します。 |
| 왜요? | どうしてですか。＊「왜(なぜ)＋요?」 |
| 우리 집 | 我が家。＊「우리(私達)＋집(家)」 |
| 생일 파티 | 誕生日パーティー。＊「생일(生日)＋파티(パーティー)」 |
| 친구들 | 友達。＊「친구(友)＋들(達:複数表現)」 |
| 많이 | たくさん。 |
| 오니까 | 来るので。＊「오다(来る)＋(으)니까(~ので/から)」 |
| 꼭 | 必ず。ぜひ。 |
| 초대 | 招待。 |
| ~쯤 | ~頃。 |
| 가겠습니다 | 行きます。＊「가다(行く)＋겠(意志)＋(스)ㅂ니다」 |

### 본문번역　本文翻訳

| 金チス | ① | 来週の火曜日忙しいですか。 |
| 上田 | ② | 火曜日は何日ですか。 |
| 金チス | ③ | 7月10日です。 |
| 上田 | ④ | その日はアルバイトがあります。 |
| 金チス | ⑤ | そうですか。アルバイトは何時からですか。 |
| 上田 | ⑥ | 2時30分から5時までです。どうしてですか。 |
| 金チス | ⑦ | 我が家で誕生日パーティーをします。 |
|  | ⑧ | 友達がたくさん来るので、ぜひ来てください。 |
| 上田 | ⑨ | 招待有難うございます。6時ごろ行きます。 |

## 문법　　文法

### ①　~부터 ~까지　　　　~から ~まで

出発点から終点までを表します。パッチムの有無に関係なく使います。

□□□□ 부터　　　　□□□□ 까지

12시부터 1시까지 점심시간입니다.　12時から1時までお昼休みです。
오늘부터 내일까지 바쁩니다.　　　今日から明日まで忙しいです。

＊但し、場所的出発点から終点までの表現は、「~에서 ~까지(~から~まで)」を使います。

집에서 학교까지 가깝습니다.　　　家から学校まで近いです。

### ②　~(으)니까　　　　~から/ので(理由)

理由を表す表現「~から」や「~ので」の意味で使います。パッチムのない語幹には「~니까」、パッチムのある語幹には「~으니까」が付きます。

□□□□ 니까　　　　　　□□□□ 으니까

중요하다　重要だ　⇒　중요하니까 메모하세요.　　重要だからメモしてください。
맛있다　　美味しい　⇒　맛있으니까 더 주세요.　　美味しいのでもっとください。
없다　　　ない　　⇒　자리가 없으니까 기다리세요.　席がないので待ってください。

### ③　~ 겠 ~ ①　　　　計画・意志

話し手の計画や意志を表します。疑問文で聞き手の計画や意志を尋ねることができます。パッチムの有無に関係なく使います。

공부하다　勉強する　⇒　열심히 공부하겠습니다.　頑張って勉強します。
읽다　　　読む　　⇒　책을 많이 읽겠습니다.　本をたくさん読みます。
약속하다　約束する　⇒　약속하겠습니까?　　　約束しますか。

106

제11과 아르바이트는 몇 시부터예요?

④

으변칙용언　　　　　　　　으変則用言

　語幹の末が母音「一」で終わる用言が「으変則用言」です。この「으変則用言」は、母音で始まる語尾「-아/어요」「-아/어서」「-아/어도」などが続くと「一」が脱落します。陽母音系語尾と陰母音系語尾の選択においては、語幹部分の「으」の前が陽母音か陰母音かによって決まります。

陽母音 ＋ 一 → 아요

陰母音 ＋ 一 → 어요

바쁘다 忙しい　　　　바쁘＋아요　⇒　　바빠요 忙しいです。

기쁘다 嬉しい　　　　기쁘＋어요　⇒　　기뻐요 嬉しいです。

오늘은 바빠요. ＝ 오늘은 바쁩니다. 今日は忙しいです。

아주 기뻐요. ＝ 아주 기쁩니다. とても嬉しいです。

▶「으変則用言」の例です。

| 쓰다 | 書く | 크다 | 大きい | | |
| 나쁘다 | 悪い | 아프다 | 痛い | 고프다 | (腹が)すく |
| 모으다 | 集める | 예쁘다 | きれいだ | 슬프다 | 悲しい |

参考：時間関係を表す表現のまとめ

| 작년 昨年 | 어제 昨日 | 지난주 先週 | 전에 前に | 오전 午前 | 아침 朝 |
|---|---|---|---|---|---|
| 올해 今年 | 오늘 今日 | 이번 주 今週 | 지금 今 | 오후 午後 | 점심 昼 |
| 내년 来年 | 내일 明日 | 다음 주 来週 | 나중에 後で | 낮 昼 | 저녁 夕方 |
|  | 모레 明後日 | 주말 週末 |  | 밤 晩 | 새벽 夜明け |
| 매년 毎年 | 매일 毎日 | 매주 毎週 | 항상 常に | 하루 종일 一日中 |  |

107

**⑤** 숫자 ②　　　　　数字 ②（固有数字）

　数える数字は固有数字を使います。ただし、数字が大きくなると固有数字ではなく漢数字を使うほうが便利です。助数詞が付く場合、1〜4までと20の数字の使い方に気をつけましょう。

| 一つ | 二つ | 三つ | 四つ | 五つ | 六つ | 七つ | 八つ | 九つ | 十 |
|---|---|---|---|---|---|---|---|---|---|
| 하나<br>한 | 둘<br>두 | 셋<br>세 | 넷<br>네 | 다섯 | 여섯 | 일곱 | 여덟 | 아홉 | 열 |
| 11 | 12 | 13 | 14 | 15 | 16 | 17 | 18 | 19 | 20 |
| 열하나<br>열한 | 열둘<br>열두 | 열셋<br>열세 | 열넷<br>열네 | 열다섯 | 열여섯 | 열일곱 | 열여덟 | 열아홉 | 스물<br>스무 |
| 10 | 20 | 30 | 40 | 50 | 60 | 70 | 80 | 90 | 100 |
| 열 | 스물<br>스무 | 서른 | 마흔 | 쉰 | 예순 | 일흔 | 여든 | 아흔 | 백 |

時計の時刻の読み方：固有数字時・漢数字分

| 1 時 | 2 時 | 3 時 | 4 時 | 5 時 | 6 時 |
|---|---|---|---|---|---|
| 한 시 | 두 시 | 세 시 | 네 시 | 다섯 시 | 여섯 시 |
| 7 時 | 8 時 | 9 時 | 10 時 | 11 時 | 12 時 |
| 일곱 시 | 여덟 시 | 아홉 시 | 열 시 | 열한 시 | 열두 시 |

＊ 몇 시[면 씨] 何 時　　　午前2時2分 오전 두 시 이 분　　　午後3時3分 오후 세 시 삼 분

**⑥** 조수사 ②　　　　　助数詞 ②

　固有数字と共に使う助数詞には、以下のようなものがあります。これらの助数詞が付く場合、1〜4までと20の読み方が変化することに気をつけましょう。

| 시 時 | 시간 時間 | 개 個 | 명 名 | 살 才 | 장 枚 |
|---|---|---|---|---|---|
| 병 本(瓶) | 권 冊、巻 | 잔 杯 | 그릇 杯(丼) | 마리 匹 | 대 台 |

第11과 아르바이트는 몇 시부터예요?

## 연습 練習

1 가: 今、何時ですか。　　나: ＿＿＿＿ 時 ＿＿＿＿ 分です。

> 보기
> 가: 지금 몇 시예요?
> 나: 한 시 오 분이에요.

2 가: ＿＿＿＿ は何時から何時までですか。　나: ＿＿＿＿ から ＿＿＿＿ までです。

> 보기
> 가: 은행은 몇 시부터 몇 시까지예요?
> 나: 아홉 시부터 네 시 삼십 분까지예요.

보기) 은행 銀行　　1) 수업 授業　　2) 회사 会社　　3) 점심 시간 昼休み
　　　9:00-4:30　　　1:00-2:30　　　8:45-5:15　　　12:00-1:00

109

**3** 가: ＿＿＿＿＿ てください。　　나: どうしてですか。

　　가: ＿＿＿＿＿ ですから。

　　⇒ ＿＿＿＿＿ ですから、＿＿＿＿＿ てください。

> **보기**
>
> 가: 쓰세요.
> 나: 왜요?
> 가: 중요하니까요.
> 　⇒ 중요하니까 쓰세요.

보기) 쓰다 / 중요하다
　　　書く / 重要である

2) 빨리 오다 / 시간이 없다
　　　早く来る / 時間がない

4) 내일은 쉬다 / 일요일이다
　　　明日は休む / 日曜日である

1) 운동하다 / 건강에 좋다
　　　運動する / 健康によい

3) 잠깐 기다리다 / 지금 자리가 없다
　　　ちょっと待つ / 今、席がない

5) 백화점에 가 보다 / 지금 세일 중이다
　　　デパートに行ってみる / 今セール中である


**4** 가: ＿＿＿＿＿ (ㄹ)ㅂ니까.

　　나: 네、＿＿＿＿＿ (ㄹ)ㅂ니다. / 아니오、＿＿＿＿＿ (ㄹ)ㅂ니다.

> **보기**
>
> 가: 기다리겠습니까?
> 나: 네, 기다리겠습니다. / 아뇨, 기다리지 않겠습니다.

보기) 기다리다
　　　待つ

2) 약속하다
　　　約束する

4) 열심히 하다
　　　頑張る

1) 여기서 내리다
　　　ここで降りる

3) 다음 주에 발표하다
　　　来週発表する

5) 매일 일찍 일어나다
　　　毎日早く起きる

 話す

① 以下の絵を参考に話し合ってみましょう。

> 보기  가: 몇 시에 일어나요?
> 나: 일곱 시에 일어나요.
>
> 가: 몇 시부터 공부해요?
> 나: 아홉 시부터 열 두 시까지 공부해요.

② ロールプレイ相手と話し合って、以下の質問に韓国語で答えなさい。

1) 매일 몇 시에 일어나요?
2) 몇 시에 점심을 먹어요?
3) 한국어 수업은 몇 시부터예요?
4) 어제 몇 시에 잤어요?
5) 오늘 몇 시에 학교에 왔어요?

## 듣기   聞く

**43** ① 音声をよく聞いて、時刻を数字で書きなさい。

**44**  ② スキットをよく聞いて、以下の文章について○か×で答えなさい。

1) 치과는 10:00 ~ 6:00까지예요.　　(　　)

2) 점심 시간에도 진료(診療)해요.　　(　　)

3) 3시에 병원에 가요.　　(　　)

**45** ③ 質問をよく聞いて、韓国語で答えを書きなさい。

1) _____

2) _____

3) _____

4) _____

5) _____

# 12 사진 보여 주세요.

写真見せてください。

## 포인트 표현

ポイント表現

1. 비행기로 갔어요?    飛行機で行きましたか。
2. 3시간이요?    3時間ですか。
3. 가까워서 놀랐어요.    近くてびっくりしました。
4. 사진 보여 주세요.    写真見せてください。

1. 방학 때 어디에 갔다왔어요?    2. 부산까지 비행기로 갔어요?
3. 후쿠오카에서 부산까지 몇 시간 걸렸어요?

113

## DIALOGUE

1. 오랜만이에요. 방학 때 뭐 했어요?
2. 2박 3일로 부산에 갔다왔어요.
3. 비행기로 갔어요?
4. 아뇨, 배로 갔어요.
5. 후쿠오카에서 부산까지 3시간쯤 걸려요.
6. 3시간이요?
7. 네, 너무 가까워서 저도 놀랐어요.
8. 사진 많이 찍었어요? 좀 보여 주세요.
9. 잠깐만요. 여기요.
10. 어땠어요?
11. 진짜 재미있었어요.

 발음  発音

① 連音化

| 오랜만이에요 | [오랜마니에요] | 갔다왔어요 | [갇따와써요] |
| 갔어요 | [가써요] | 놀랐어요 | [놀라써요] |
| 찍었어요? | [찌거써요?] | 어땠어요? | [어때써요?] |
| 재미있었어요 | [재미이써써요] | | |

② 濃音化 : /ㄱ, ㄷ, ㅂ, ㅅ, ㅈ/ ⇒ [ㄲ, ㄸ, ㅃ, ㅆ, ㅉ]

갔다왔어요   [갇따와써요]

③ ㅎ音の変化 : ㅎ音の脱落: /ㅎ/ ＋ 母音 ⇒ [ㅎ]脱落

많이   [마니]

114

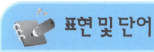 表現 & 単語

| | |
|---|---|
| 오랜만이에요 | お久しぶりです。＊「오랜만(久しぶり)＋이에요」 |
| 방학 때 | 休みに。休みの時。「방학(休み・放学)＋때(時)」。この방학(放学)は、学生の長い休みです。働く人の休みは「휴가(休暇)」といいます。여름 방학(夏休み)、여름휴가(夏の休暇) |
| 2박 3일 | 2泊3日。 |
| 갔다 왔어요 | 行って来ました。<br>＊「갔다 오다(行って来る)＋았(過去)＋어요」「갔다 오다(行って来る)＋았(過去)＋(스)ㅂ니다」 |
| ～(으)로 | ～で。手段・道具を表す助詞。 |
| ～에서～까지 | ～(場所)から～まで。11課参照。 |
| 걸려요 | かかります。＊「걸리다(かかる)＋아/어/여요」「걸리다(かかる)＋(스)ㅂ니다」 |
| ～(이)요? | ～ですか。相手の話した言葉を受けて、そのまま聞き返す時の会話表現です。 |
| 너무 | あまりにも。とても。 |
| 놀랐어요 | びっくりしました。＊「놀라다(びっくりする)＋았(過去)＋어요」「놀라다(びっくりする)＋았(過去)＋습니다」 |
| 찍었어요 | 撮りました。＊「찍다(撮る)＋었(過去)＋어요」「찍다(撮る)＋었(過去)＋습니다」 |
| 보여 주세요 | 見せてください。＊「보이다(見せる)＋아/어/여 주세요(～てください)」 |
| 잠깐만요 | ちょっと待ってくださいね。 |
| 여기요 | どうぞ。＊「여기(ここ)＋요」 |
| 진짜 | 本当。本物。⇔「가짜(偽者)」 ＊「정말(本当)」⇔「거짓말(うそ)」 |
| 재미있었어요 | 面白かったです。<br>＊「재미있다(面白い)＋었(過去)＋아/어/여요」「재미있다(面白い)＋었(過去)＋(스)ㅂ니다」 |

### 본문번역　本文翻訳

| | | |
|---|---|---|
| 金チス | ① | お久しぶりです。休みに何をしましたか。 |
| 上田 | ② | 2泊3日で釜山に行って来ました。 |
| 金チス | ③ | 飛行機で行きましたか。 |
| 上田 | ④ | いいえ、船で行きました。 |
| | ⑤ | 福岡から釜山まで3時間ぐらいかかります。 |
| 金チス | ⑥ | 3時間ですか。 |
| 上田 | ⑦ | はい、あまりにも近くて私もびっくりしました。 |
| 金チス | ⑧ | 写真たくさん撮りましたか。ちょっと見せてください。 |
| 上田 | ⑨ | ちょっと待ってくださいね。どうぞ。 |
| 金チス | ⑩ | どうでしたか。 |
| 上田 | ⑪ | 本当に楽しかったです。 |

## 문법 文法

### ① ~아서/어서/여서(해서)　　~(し)て/~ので/~から(理由・原因)

原因・理由を表す場合の表現で、「~て」「~ので」「~から」の表現に似ています。「陽母音語幹
＋아서」「陰母音語幹＋어서」「하語幹＋여서」に使い分けます。＊「~아/어/여」の使い方は8課参照。

| 陽母音語幹 | 아서 |
| --- | --- |
| 陰母音語幹 | 어서 |
| 하語幹 | 여서　⇒　해서 |

| 많다 | 多い | ⇒ | 사람이 많아서 시끄럽습니다. | 人が多いからうるさいです。 |
| --- | --- | --- | --- | --- |
| 있다 | ある | ⇒ | 약속이 있어서 먼저 실례하겠습니다. | 約束があるので先に失礼します。 |
| 피곤하다 | 疲れる | ⇒ | 피곤해서 쉽니다. | 疲れて休みます。 |

### ② ~아/어/여(해) 주세요　　~(し)てください

相手に頼むときの表現です。「陽母音語幹＋아 주세요」「陰母音語幹＋어 주세요」「하語幹＋여 주
세요」を使います。より丁重な表現として「~아/어/여 주십시오」があります。＊「~아/어/여」の使い方は
8課参照。

| 陽母音語幹 | 아 주세요 |
| --- | --- |
| 陰母音語幹 | 어 주세요 |
| 하語幹 | 여(해) 주세요 |

| 陽母音語幹 | 아 주십시오 |
| --- | --- |
| 陰母音語幹 | 어 주십시오 |
| 하語幹 | 여(해) 주십시오 |

| 깎다 | 値切る | ⇒ | 깎아 주세요. | = 깎아 주십시오. | 値切ってください。 |
| --- | --- | --- | --- | --- | --- |
| 오다 | 来る | ⇒ | 일찍 와 주세요. | = 일찍 와 주십시오. | 早く来てください。 |
| 열다 | 開ける | ⇒ | 문을 열어 주세요. | = 문을 열어 주십시오. | ドアを開けてください。 |
| 보이다 | 見せる | ⇒ | 메뉴 보여 주세요. | = 메뉴 보여 주십시오. | メニュー見せてください |
| 전화하다 | 電話する | ⇒ | 전화해 주세요. | = 전화해 주십시오. | 電話してください。 |
| 말하다 | 話す | ⇒ | 천천히 말해 주세요. | = 천천히 말해 주십시오. | ゆっくり話して下さい。 |

③

　道具・手段を表す助詞で、日本語の「〜で」とだいたい同じです。パッチムがある場合は「으로」が、パッチムがない場合は「로」が付きます。ただし、「ㄹで終わる体言」の場合は「로」が付きます。

비행기로 갔습니다.　　　飛行機で行きました。
신칸센으로 한 시간 걸려요.　　新幹線で1時間かかります。
학교까지 지하철로 옵니다.　　学校まで地下鉄で来ます。

＊参考：材料を表す「〜で」の場合も、この「〜(으)로」を使います。
포도로 와인을 만들어요.　　ブドウでワインを作ります。

④

　相手の話した言葉を受けて、そのまま聞き返すときの会話表現です。パッチムがあれば「〜이요?」、パッチムがなければ「〜요?」を使います。

버스요?　バスですか。　　　신칸센이요?　新幹線ですか。

 練習

▶ 下の絵を参考に、[1-2]の表現を練習しましょう。

오사카 3시간　서울 1시간　에히메 4시간　히로시마 6시간　고향(故鄕) 2시간

1 가 : 休みに何をしましたか。　　나 : _____ に行ってきました。

　보기　가: 방학 때 뭐 했어요?
　　　　나: 오사카에 갔다 왔어요.

보기) 오사카　　1) 서울　　2) 에히메　　3) 히로시마　　4) 고향


2 가 : _____ に何に乗って行きましたか。　나 : _____ で行きました。
　 가 : 何時間くらいかかりますか。　　　　나 : _____ くらいかかります。

　보기　가: 오사카에 뭐 타고 갔어요?
　　　　나: 신칸센으로 갔어요.
　　　　가: 몇 시간쯤 걸려요?
　　　　나: 세 시간쯤 걸려요.

보기) 오사카　　1) 서울　　2) 에히메　　3) 히로시마　　4) 고향
　　　신칸센　　　비행기　　　배　　　　자동차　　　　버스
　　　3시간　　　1시간　　　4시간　　　6시간　　　　2시간

제12과 **사진 보여 주세요.**

## 3 (＿＿＿＿＿を) ＿＿＿＿＿(し)てください。

> **보기**
>
> 사진을 찍어 주세요.

보기) 사진 / 찍다　　1) 창문 / 닫다　　2) 볼펜 / 빌리다　　3) 주소/가르치다
　　　写真 / 撮る　　　　窓 / 閉める　　　ボールペン / 借りる　　住所 / 教える

　　4) 깎다　　　　　5) 기다리다　　　6) 전화하다　　　7) 천천히 말하다
　　　値切る　　　　　待つ　　　　　　電話する　　　　ゆっくり話す

## 4 ＿＿＿＿＿から/ので ＿＿＿＿＿です。/ ます。

> **보기**
>
> 일이 많아서 피곤해요.

보기) 일이 많아요. / 피곤해요.　　　　　＊일 仕事　＊피곤하다 疲れる

　　1) 집이 멀어요. / 힘들어요.　　　　　＊힘들다 しんどい

　　2) 매워요. / 조금만 먹겠습니다.　　　＊맵다 辛い

　　3) 지하철이 없어요. / 불편해요.　　　＊불편하다 不便だ

　　4) 늦었어요. / 미안해요.　　　　　　＊늦다 遅れる/遅い

　　5) 많이 아팠어요. / 병원에 갔어요.

　　6) 늦잠을 잤어요. / 지각했어요.　　　＊늦잠을 자다 寝坊をする
　　　　　　　　　　　　　　　　　　　＊지각하다 遅刻する

119

 **말하기** 話す

① 以下の例を参考に、ロールプレイ相手と話し合ってみましょう。

> 보기 가: 방학 때 뭐 했어요?
> 나: 오키나와에 갔다 왔어요.
> 가: 오키나와요? 어땠어요?
> 나: 바다가 아름다워서 좋았어요.

| 뭐 했어요? | 어땠어요? | |
|---|---|---|
| 보기 오키나와 | 바다가 아름답다 | 海が美しい |
| 북경 | 음식이 맛있다 | 食べ物が美味しい |
| 베트남 | 사람들이 친절하다 | 人が親切だ |
| 싱가포르 | 거리가 깨끗하다 | 町がきれいだ |
| 뉴질랜드 | 경치가 아름답다 | 景色が美しい |
| 필리핀 | 물가가 싸다 | 物価が安い |

② ロールプレイ相手と話し合って、以下の質問に韓国語で答えなさい。

1) 학교에 뭐 타고 왔어요?

2) 학교에 자전거로 왔어요?

3) 집에서 학교까지 얼마나(どれぐらい) 걸려요?

4) 방학 때 어디에(どこへ) 갔다 왔어요?

5) 어제 왜(なぜ) 학교에 안 왔어요?

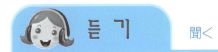

聞く

**48** ① 音声をよく聞いて、地名と乗り物を線で結び、所要時間を書きなさい。

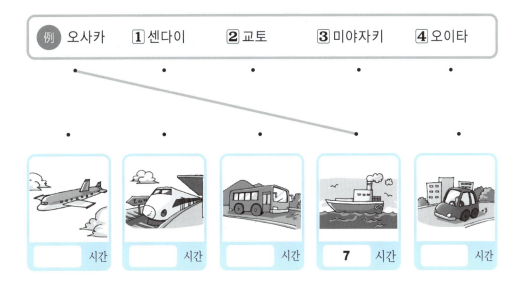

**49** ② スキットをよく聞いて、以下の文章について○か×で答えなさい。

1) 방학 때 한국에 갔다 왔어요. (　)

2) 여행은 2박 3일이었어요. (　)

3) 음식이 매워서 조금만 먹었어요. (　)

**50** ③ 質問をよく聞いて、韓国語で答えを書きなさい。

1) 

2) 

3) 

4) 

5)

# 13 김치찌개를 먹고 싶어요.

キムチチゲが食べたいです。

##  포인트 표현

ポイント表現

1. 한국 음식 먹으러 갈까요?   韓国料理を食べに行きましょうか。
2. 같이 갑시다.   一緒に行きましょう。
3. 김치찌개를 먹고 싶어요.   キムチチゲが食べたいです。
4. 맵지만 맛있어요.   辛いですがおいしいです。

1. 우에다 씨는 한국 음식을 좋아해요?
2. 오늘 한국 음식을 먹으러 가요?   3. 김치찌개는 어때요?

### DIALOGUE

1. 우에다 씨, 한국 음식 좋아해요?
2. 네, 아주 좋아해요.
3. 그럼, 오늘 한국 음식 먹으러 갈까요?
4. 좋아요. 같이 갑시다.
5. 뭘 먹고 싶어요?
6. 비빔밥이나 김치찌개를 먹고 싶어요.
7. 김치찌개요? 안 매워요?
8. 맵지만 맛있어요.

## 발 음   発音

**(1) 連音化**

| 먹으러 | [머그러] | 비빔밥이나 | [비빔빠비나] |
| 싫어요 | [시퍼요] | 맛있어요 | [마시써요] |

**(2) 濃音化** : /ㄱ, ㄷ, ㅂ, ㅅ, ㅈ/ ⇒ [ㄲ, ㄸ, ㅃ, ㅆ, ㅉ]

| 갑시다 | [갑씨다] | 먹고 | [먹꼬] |
| 비빔밥이나 | [비빔빠비나] | 맵지만 | [맵찌만] |

**(3) ㅎ音の変化** : ㅎ音の脱落 : /ㅎ/ + 母音 ⇒ [ㅎ] 脱落

좋아해요    [조아해요]

**(4) 口蓋音化** : /ㅌ, ㄷ/ + /이/ ⇒ [ㅊ, ㅈ]

같이    [가치]

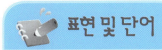

## 표현 및 단어 — 表現 & 単語

| | |
|---|---|
| 음식 | 食べ物。「料理」の意味としても使われます。cf.요리(料理) |
| 좋아해요 | 好きです。＊「좋아하다(好きだ)＋아/어/여요」「좋아하다(好きだ)＋(스)ㅂ니다」 ＊「～를/을 좋아하다(～が好きだ)」 |
| 그럼 | では。 |
| 먹으러 | 食べに。＊「먹다(食べる)＋(으)러(～に)」 |
| 갈까요? | 行きましょうか。＊「가다(行く)＋(으)ㄹ까요?(～(し)ましょうか)」 |
| 좋아요 | いいですね。＊「좋다(良い)＋아/어/여요」「좋다(良い)＋(스)ㅂ니다」 |
| 같이 | 一緒に。 |
| 갑시다 | 行きましょう。＊「가다(行く)＋(으)ㅂ시다(～(し)ましょう)」 |
| 먹고 싶어요? | 食べたいですか。＊「먹다(食べる)＋고 싶다(～たい)」 ＊「먹다(食べる)＋고 싶다(～たい)＋아/어/여요」 ＊「먹다(食べる)＋고 싶다(～たい)＋(스)ㅂ니다」 |
| 비빔밥 | ビビンパ。＊「비비다(混ぜる)＋밥(ご飯)」 |
| 이나 | ～か。選択枝の羅列を表します。 |
| 김치찌개 | キムチチゲ。＊「김치(キムチ)＋찌개(チゲ)」 |
| 맵지만 | 辛いけれども。＊「맵다(辛い)＋지만(～が/けれども)」 |
| 맛있어요 | 美味しいです。＊「맛있다(美味しい)＋아/어/여요」「맛있다(美味しい)＋(스)ㅂ니다」 |

### 본문번역 — 本文翻訳

| | | |
|---|---|---|
| 金チス | ① | 上田さん、韓国料理好きですか。 |
| 上田 | ② | はい、とても好きです。 |
| 金チス | ③ | じゃ、今日韓国料理食べに行きましょうか。 |
| 上田 | ④ | いいですね。一緒に行きましょう。 |
| 金チス | ⑤ | 何が食べたいですか。 |
| 上田 | ⑥ | ビビンパかキムチチゲが食べたいです。 |
| 金チス | ⑦ | キムチチゲですか。辛くないですか。 |
| 上田 | ⑧ | 辛いですが、美味しいです。 |

## 문법　文法

**①**

### ~(으)ㄹ까요? ①　　~(し)ましょうか(勧誘表現)

相手を誘う場合の表現で、うちとけた間柄での誘い表現です。パッチムがない場合は「~ㄹ까요?」を、パッチムがある場合は「~을까요?」を使います。

□□□ ㄹ까요?
□□□ 을까요?

가다 行く　　⇒　　같이 갈까요?　　一緒に行きましょうか。

먹다 食べる　⇒　　같이 점심 먹을까요?　一緒にお昼食べましょうか。

**②**

### ~(으)ㅂ시다　　~(し)ましょう(勧誘表現)

相手を誘う場合のかしこまった表現です。パッチムがない場合は「~ㅂ시다」を、パッチムがある場合は「~읍시다」を使います。

□□□ ㅂ시다
□□□ 읍시다

가다 行く　　⇒　　같이 갑시다.　一緒に行きましょう。

먹다 食べる　⇒　　같이 먹읍시다.　一緒に食べましょう。

＊「用言の語幹＋~자(~よう)」のように、親しい間柄で使う表現もあります。

같이 가자.　一緒に行こう。

제13과 김치찌개를 먹고 싶어요.

③

~지만　　　　　　　　　　　~が/~けれども

　用言の語幹に接続させ、前に述べた事柄と相反する内容を導く「~が」または「~けれども」の意味に相当します。

[　　　　　]　지만

먹다 食べる　⇒　아침은 먹지만 저녁은 안 먹어요. 朝食は食べますが、夕食は食べません。
아프다 痛い　⇒　머리가 아프지만 학교에 가요.　頭が痛いけど、学校に行きます。

＊用言＋過去＋지만

　읽다 読む ⇒ 읽＋었(過去)＋지만

　　　　　　책은 읽었지만 잘 모릅니다. 本は読みましたが、よくわかりません。

④

~고 싶다　　　　　　　　　~(し)たい(願望表現)

　希望や願望を表す表現で、パッチムの有無に影響されません。

[　　　　　]　고 싶다

가다 行く　⇒　가고 싶다. 行きたい ⇒ 가고 싶어요.(가고 싶습니다.)
먹다 食べる　⇒　먹고 싶다. 食べたい ⇒ 먹고 싶어요.(먹고 싶습니다.)

＊６課と８課で学習した否定表現も可能です。

안 [　　　] 고 싶다　　　안 가고 싶어요. 行きたくありません。
[　　　] 고 싶지 않다　　　가고 싶지 않아요. 行きたくありません。

127

⑤

　　動詞の語幹に付いて動作の目的を表します。日本語の「〜(し)に」とだいたい同じです。パッチムがない場合は「〜러」、パッチムがある場合は「〜으러」、「ㄹ変則用言」の場合は「〜러」になります。

|　　　　　| 러 |　　　　　　　| 으러 |
|---|---|---|---|
| ㄹ変則語幹 | 러 | | |

영화 보러 갑니다.　　　映画見に行きます。
갈비 먹으러 갑니다.　　カルビ食べに行きます。
주말에 놀러 갑시다.　　週末に遊びに行きましょう。

⑥

　　例示として列挙する表現、または限定された選択肢を表す時に使われます。パッチムがない名詞の場合は「〜나」、パッチムがある名詞の場合は「〜이나」になります。

|　　　　　| 나 |　　　　　　　| 이나 |
|---|---|---|---|

커피나 코코아를 주세요.　　コーヒーかココアをください。
연필이나 볼펜 있어요?　　　鉛筆かボールペンありますか。

제13과 김치찌개를 먹고 싶어요.

 연 습  練習

▶ 下の絵を参考に [1-2]の表現を練習しましょう。

보기) 한국 요리 / 비빔밥　　영화 / 코미디　　운동 / 야구　　술 / 맥주

1 가: _____ 가 좋아하세요.
　나: はい、とても好きです。 / いいえ、好きではありません。

　　가: 한국 요리를 좋아해요?
　　나: 네, 아주 좋아해요.
　　　　아뇨, 안 좋아해요.

보기) 한국 요리　　1) 영화　　　　2) 운동　　　　3) 술


2 가: どんな _____ が好きですか。　　가: _____ が好きです。
　나: じゃ、一緒に _____ に行きましょうか。　나: いいですね。行きましょう。

　　가: 무슨 한국 요리를 좋아해요?
　　나: 비빔밥을 좋아해요.
　　가: 그럼, 같이 먹으러 갈까요?
　　나: 좋아요. 갑시다.

보기) 한국 요리　　1) 영화　　　　2) 운동　　　　3) 술
　　　비빔밥　　　　코미디 영화　　　야구　　　　　맥주
　　　먹다　　　　　보다　　　　　　하다　　　　　마시다

129

▶ 下の絵を参考に、[3-5]の表現を練習しましょう。

| 보기 | | | |
|---|---|---|---|
|  | <br> |  |  |
| 영화<br>映画<br>'친구' / '약속' | 점심<br>昼食<br>우동 / 라면 | 운동<br>運動<br>축구 / 농구 | 술<br>お酒<br>맥주 / 소주 |

**3** 가 : 一緒に _____ を _____ (し)ましょうか。
　　나 : いいですね。_____ (し)ましょう。

> 보기
> 가: 같이 영화를 볼까요?
> 나: 좋아요. 봅시다.

보기) 영화　　　　　1) 점심　　　　　2) 운동　　　　　3) 술
　　　보다　　　　　　먹다　　　　　　하다　　　　　　마시다

**4** 가 : 一緒に _____ を _____ (し)ましょうか。
　　나 : いいですね。_____ (し)ましょう。
　　가 : 何が _____ (し)たいですか。
　　나 : _____ か _____ が _____ (し)たいです。

> 보기
> 가: 같이 영화를 볼까요?
> 나: 좋아요. 봅시다.
> 가: 뭘 보고 싶어요?
> 나: '친구' 나 '약속' 을 보고 싶어요.

보기) 영화　　　　　1) 점심　　　　　2) 운동　　　　　3) 술
　　　보다　　　　　　먹다　　　　　　하다　　　　　　마시다
　　　'친구' / '약속'　　우동/라면　　　축구/농구　　　맥주/소주

제13과 **김치찌개를 먹고 싶어요.**

## 5 ........................ ですが ........................ 。

> **보기**　이 가방은 비싸**지만** 마음에 들어요.

보기) 이 가방은 비싸요. / 마음에 들어요.　　　　　*마음에 들다 気に入る

1) 도서관에는 사람이 많아요. / 아주 조용해요.　　　*조용하다 静かだ

2) 개는 좋아해요. / 고양이는 안 좋아해요.

3) 한국어는 어려워요. / 재미있어요.

4) 겨울이에요. / 춥지 않아요.

5) 외국 사람이에요. / 발음이 좋아요.　　　　　　*발음이 좋다 発音がよい

6) 어제 배웠어요. / 잘 모르겠습니다.　　　　　　*모르다 分からない/知らない

7) 머리가 아팠어요. / 일을 했어요.　　　　　　　*일을 하다 仕事をする

131

 話す

① 以下の例を参考に、ロールプレイ相手と話し合ってみましょう。

 가: 한국 요리를 좋아해요?
나: 네, 아주 좋아해요.
가: 그럼, 같이 먹으러 갈까요?
나: 좋아요. 갑시다.
가: 뭘 먹고 싶어요?
나: 갈비나 냉면을 먹고 싶어요.

② ロールプレイ相手と話し合って、以下の質問に韓国語で答えなさい。

1) 무슨 운동을 좋아해요?
2) 무슨 요리를 좋아해요?
3) 오늘 영화 보러 갈까요?
4) 뭘 사고 싶어요?
5) 지금 뭘 하고 싶어요?

第13과 김치찌개를 먹고 싶어요.

 聞く

🎧53 ① 音声をよく聞いて、該当するものの□にチェック(✓)を入れなさい。

🎧54 ② スキットをよく聞いて、以下の文章について○か×で答えなさい。

    1) 지수 씨는 영화를 안 좋아해요.　　(　　)
    2) 지수 씨는 오늘 약속이 있어요.　　(　　)
    3) 두 사람은 내일 영화를 봐요.　　(　　)

🎧55 ③ 質問をよく聞いて、韓国語で答えを書きなさい。

    1)
    2)
    3)
    4)
    5)

# 14 김치찌개가 생각보다 맵네요.

キムチチゲが思ったより辛いですね。

## 포인트 표현

ポイント表現

1. 괜찮으세요?     大丈夫ですか。
2. 맛있겠어요.     美味しそうです。
3. 생각보다 맵네요.     思ったより辛いですね。

1. 손님은 몇 사람이에요?　　2. 식당에서 무엇을 먹어요?
3. 김치찌개는 매워요?

## DIALOGUE

1. 어서 오세요. 몇 분이세요?
2. 두 명이에요.
3. 뭘 드릴까요?
4. 김치찌개 하나하고 비빔밥 한 그릇 주세요.
5. 네, 알겠습니다. 잠깐만 기다리세요.
6. 김치찌개하고 비빔밥입니다. 맛있게 드세요.
7. 와! 맛있겠어요. 잘 먹겠습니다.
8. 여기요, 물 좀 주세요.
9. 네, 여기 있습니다. 괜찮으세요?
10. 김치찌개가 생각보다 맵네요.

## 발음  発音

① 連音化

몇 분이세요? [면뿌니세요?]  맛있게 [마싣께]
맛있겠어요 [마싣께써요]  괜찮으세요? [괜차느세요?]

② 鼻音化① : /ㄱ, ㄷ, ㅂ/ ⇒ [ㅇ, ㄴ, ㅁ]

알겠습니다 [알겓씀니다]  먹겠습니다 [먹겓씀니다]
있습니다 [읻씀니다]  맵네요 [맴네요]

③ 濃音化 : /ㄱ, ㄷ, ㅂ, ㅅ, ㅈ/ ⇒ [ㄲ, ㄸ, ㅃ, ㅆ, ㅉ]

몇 분이세요? [면뿌니세요?]  맛있게 [마싣께]
있습니다 [읻씀니다]  맛있겠어요 [마싣께써요]
알겠습니다 [알겓씀니다]  먹겠습니다 [먹겓씀니다]

④ ㅎ音の変化 : ㅎ音の脱落 : /ㅎ/ + 母音 ⇒ [ㅎ]脱落

괜찮으세요? [괜차느세요?]

 表現 & 単語

| 몇 분이세요? | 何人様ですか。＊「몇 분(何人様)＋이다(である)＋(으)세요?」 |
| --- | --- |
| 뭘 드릴까요? | 何になさいますか。<br>＊「뭘(何を)＋드리다(差し上げる)＋(으)ㄹ까요?」「뭘＝무엇을の縮約形」 |
| 한 그릇 | 1杯。＊「한(1)＋그릇(うつわ)」 |
| 알겠습니다 | 分かりました。＊「알다(知る/分かる)＋겠＋(스)ㅂ니다」 |
| 맛있게 드세요 | 美味しくお召し上がりください。<br>＊「맛있게(美味しく)＋드세요(お召し上がりください)」 |
| 맛있겠어요 | 美味しそうです。＊「맛있다(美味しい)＋겠(推量)＋아/어/여요」 |
| 잘 먹겠습니다 | いただきます。<br>＊「잘(よく)＋먹다(食べる)」「잘 먹다(よく食べる)＋겠(意志)＋(스)ㅂ니다」 |
| 여기요 | すみません。あの〜。店などで店員の注意を引く時の掛け言葉です。<br>＊「여기(ここ)＋요」 |
| 괜찮으세요? | 大丈夫ですか。＊「괜찮다(大丈夫だ)＋(으)세요?」 |
| 〜보다 | 〜より。 |
| 맵네요 | 辛いですね。＊「맵다(辛い)＋네요」 |

### 본문번역  本文翻訳

| 店員 | ① | いらっしゃいませ。何人様ですか。 |
| --- | --- | --- |
| 上田 | ② | 二人です。 |
| 店員 | ③ | 何になさいますか。 |
| 金チス | ④ | キムチチゲ一つとビビンバ一つください。 |
| 店員 | ⑤ | はい、分かりました。少しお待ちください。 |
|  | ⑥ | キムチチゲとビビンバです。美味しくお召し上がりください。 |
| 金チス | ⑦ | うわー！美味しそうです。いただきま〜す。 |
| 上田 | ⑧ | すみません。お冷一杯ください。(あの〜お水一杯ください。) |
| 店員 | ⑨ | はい、どうぞ。大丈夫ですか。 |
| 上田 | ⑩ | キムチチゲが思ったより辛いですね。 |

## 문법　　文法

**①　~(으)시~　　　　尊敬表現**

用言の語幹につき、敬語を表す表現です。

|  | 시 |  | 으시 |
|---|---|---|---|
|  | 세요<br>(십니다) |  | 으세요<br>(으십니다) |

가다 行く　⇒　가시다　行かれる　　가세요　＝　가십니다　行かれます。
읽다 読む　⇒　읽으시다 お読みになる　읽으세요　＝　읽으십니다 お読みになります。

가다 行く　⇒　아버지께서는 회사에 가십니다. お父さんは会社に行かれます。
읽다 読む　⇒　어머니께서는 신문을 읽으세요. お母さんは新聞をお読みになります。

---

**敬語の特殊例**

| 敬語 | | 敬語丁寧形 | |
|---|---|---|---|
| 먹다 食べる<br>마시다 飲む | → 드시다　召し上がる | 드세요. ＝ 드십니다. | 召し上がります。 |
| 자다 寝る | → 주무시다　お休みになる | 주무세요. ＝ 주무십니다. | お休みになります。 |
| 있다 いる | → 계시다　いらっしゃる | 계세요. ＝ 계십니다. | いらっしゃいます。 |
| 없다 いない | → 안 계시다　いらっしゃらない | 안 계세요. ＝ 안 계십니다. | いらっしゃいません。 |
| 죽다 死ぬ | → 돌아가시다 お亡くなりになる | | |

＊ 먹다 食べる ➡ 잡수시다 召し上がる

＊ 助詞の場合も敬語表現が存在します。

　는/은(~は)　➡　께서는

　가/이(~が)　➡　께서

　에게(~に)　➡　께

138

제14과 김치찌개가 생각보다 맵네요.

## ② ~겠~ ②　　　　　　推量・推測表現

話し手の推量・推測を表す表現です。＊意志を表す「～겠～」については11課参照。

〔　　　　〕 **겠**

비싸다 高い　　⇒　저 가방은 비싸**겠**어요.　あのかばんは高そうです。
맛있다 美味しい ⇒　맛있**겠**어요.　　　　　　美味しそうです。

## ③ ~보다　　　　　　　　　～より(比較表現)

比較対照の引き合いになるものを表す表現です。

〔　　　　〕 **보다**

버스**보다** 지하철이 빠릅니다.　　バスより地下鉄が速いです。
재즈**보다** 클래식을 좋아합니다.　ジャズよりクラシックが好きです。

## ④ ~네요　　　　　　　　　～ですね(感嘆・感動)

用言の語幹に「～네요(～ですね)」をつけて、感嘆・感動を表すことができます。

〔　　　　〕 **네요**

비싸다 (値)高い ⇒　좀 비싸**네요.**　　ちょっと高いですね。
맛있다 美味しい ⇒　정말 맛있**네요.**　本当に美味しいですね。

139

# 연 습 練習

**1** 가: _____을 お_____になりますか。 나: _____을 _____(し)ます。

> 보기
> 가: 무엇을 사세요?
> 나: 운동화를 사요.

보기
운동화 / 사다
運動靴/買う

① 드라마 / 보다
ドラマ/見る

② 신문 / 읽다
新聞/読む

③ 책 / 찾다
本/探す

④ 지하철 / 타다
地下鉄/乗る

⑤ 팩스 / 보내다
ファックス/送る

⑥ 운전 / 배우다
運転/習う

⑦ 과자 / 만들다
お菓子/作る

**2** 가: _____은/는 어디에 いらっしゃいますか。 나: _____에 いらっしゃいます。
　 나: 何をなさいますか。　　　　　　　　　　나: _____なさいます。

> 보기
> 가: 선생님께서 어디에 계세요?
> 나: 교실에 계세요.
> 가: 뭐 하세요?
> 나: 한국어를 가르치세요.

보기 선생님
교실 教室
한국어를 가르치다
韓国語を教える

① 어머니
주방 キッチン
과자를 만들다
お菓子を作る

② 할머니
공원 公園
산책하다
散歩する

③ 아버지
거실 リビング
차를 마시다
お茶を飲む

④ 할아버지
방 部屋
자다
寝る

\* 마시다 → 드시다　　\* 자다 → 주무시다

140

제14과 김치찌개가 생각보다 맵네요.

**3** 가：何が ＿＿＿＿＿ ですか。　　나：＿＿＿＿＿ が ＿＿＿ より ＿＿＿＿＿ ですね。

**보기**
가：뭐가 비싸요?
나：구두가 운동화보다 비싸네요.

| 보기 비싸다 高い | 1 맛있다 美味しい | 2 재미있다 面白い | 3 어렵다 難しい |
|---|---|---|---|
| 구두 ＞ 운동화<br>靴　　運動靴 | 갈비 ＞ 비빔밥<br>カルビ　ビビンパ | 드라마 ＞ 뉴스<br>ドラマ　ニュース | 영어 ＞ 한국어<br>英語　　韓国語 |

| 4 무겁다 重い | 5 편리하다 便利だ | 6 어울리다 似合う | 7 키가 크다 背が高い |
|---|---|---|---|
| 사전 ＞ 책<br>辞書　本 | 버스 ＞ 지하철<br>バス　地下鉄 | 치마 ＞ 바지<br>スカート　ズボン | ＊누가<br>형 ＞ 동생<br>兄　　弟 |

**4** 가：＿＿＿＿＿ が ＿＿＿＿＿ (し)たいですか。

나：＿＿＿＿＿ が ＿＿＿＿ そうです。 ＿＿＿＿＿ (し)ましょうか。

가：いいです(OKです)。

**보기**
가: 뭘 보고 싶어요?
나: 뮤지컬이 재미있겠어요. 뮤지컬을 볼까요?
가: 좋아요.

| 보기 보다 見る | 1 배우다 習う | 2 마시다 飲む | 3 타다 乗る |
|---|---|---|---|
| 뮤지컬이 재미있다<br>ミュージカルが面白い | 스키가 재미있다<br>スキーが面白い | 주스가 시원하다<br>ジュースが冷たい | KTX가 빠르다<br>KTXが速い |

| 4 입다 着る | 5 선물하다 プレゼントする | 6 먹다 食べる | 7 가다 行く |
|---|---|---|---|
| 한복이 좋다<br>チマチョゴリが良い | 꽃이 좋다<br>花が良い | 냉면이 안 맵다<br>冷麺が辛くない | ＊어디<br>놀이공원이 좋다<br>テーマパークが良い |

141

 話す

① メニューボードを使って、ロールプレイ相手と話し合ってみましょう。

> 보기
> 점원: 어서 오세요. 뭘 드릴까요?
> 손님: 여기 김밥 하나하고 라면 하나 주세요.
> 점원: 네, 잠깐만 기다리세요.
>
> 점원: 여기 있습니다. 맛있게 드세요.
>
> 손님: 잘 먹었습니다. 얼마예요?
> 점원: 모두 4,500원입니다.
>     안녕히 가세요.

**메뉴**
갈비(1인분) 13,000원
불고기(1인분) 9,000원
냉면 5,000원
비빔밥 5,500원
된장찌개 5,000원
순두부찌개 4,500원

**메뉴**
김밥 2,500원
라면 2,000원
떡볶이 3,000원
만두 4,000원
칼국수 3,500원
김치볶음밥 4,500원

**메뉴**
스파게티 8,000원
피자 15,000원
카레라이스 7,000원
오므라이스 7,000원
돈가스 7,500원
스테이크 20,000원

**메뉴**
커피 4,000원
홍차 4,500원
인삼차 7,000원
과일주스 5,000원
사이다 3,000원
콜라 3,000원

② ロールプレイ相手と話し合って、以下の質問に韓国語で答えなさい。

1) 오늘 약속이 있으세요?
2) 한국어가 재미있으세요?
3) 아침에 뭘 드세요?
4) 오늘 아버지께서 집에 계세요?
5) 보통 몇 시간 주무세요?

제14과 김치찌개가 생각보다 맵네요.

聞く

58 ① 音声をよく聞いて、注文するものを見つけ、その数を書きなさい。

59 ② スキットをよく聞いて、以下の文章について○か×で答えなさい。

1) 치즈버거 세트와 불고기버거를 샀어요.　（　　）
2) 가게에서 햄버거를 먹었어요.　（　　）
3) 치즈버거 세트는 5,500원입니다.　（　　）

60 ③ 質問をよく聞いて、韓国語で答えを書きなさい。

1) _____
2) _____
3) _____
4) _____
5) _____

143

# 15 약은 드셨어요?

薬はお飲みになりましたか。

## 포인트 표현

ポイント表現

1. 약은 드셨어요?  　　　薬はお飲みになりましたか。
2. 머리가 아프고 열이 나요.  　頭が痛くて熱が出ます。
3. 병원에 가 보세요.  　　　病院に行ってみてください。
4. 무리하지 마세요.  　　　無理しないで下さい。

1. 이 선생님은 어디가 아프세요?
2. 이 선생님은 병원에 갔다오셨어요?   3. 이 선생님은 약을 드셨어요?

145

**DIALOGUE**

1. 이 선생님, 어디 아프세요?
2. 네, 머리가 아프고 열이 나요.
3. 요즘 독감이 유행이에요. 병원에 가 보세요.
4. 병원은 어제 갔다왔어요.
5. 약은 드셨어요?
6. 네, 조금 전에 먹었어요.
7. 너무 무리하지 마세요. 건강이 제일 중요하니까요.
8. 네, 고맙습니다.

発音

① 連音化

| 열이 | [여리] | 독감이 | [독까미] |
| 병원에 | [병워네] | 병원은 | [병워는] |
| 갔다왔어요 | [갇따와써요] | 약은 | [야근] |
| 드셨어요? | [드셔써요?] | 전에 | [저네] |
| 먹었어요 | [머거써요] | | |

② 鼻音化 ① : /ㄱ,ㄷ,ㅂ/ ⇒ [ㅇ,ㄴ,ㅁ]

고맙습니다 [고맙씀니다]

③ 濃音化 : /ㄱ, ㄷ, ㅂ, ㅅ, ㅈ/ ⇒ [ㄲ, ㄸ, ㅃ, ㅆ, ㅉ]

| 독감이 | [독까미] | 갔다왔어요 | [갇따와써요] |
| 고맙습니다 | [고맙씀니다] | | |

 表現 & 単語

| 아프세요? | 具合でも悪いですか。＊「아프다(痛い/具合悪い)＋(으)세요?」 |
| --- | --- |
| 머리 | 頭。 |
| 열이 나요 | 熱が出ます。＝ 열이 있어요．(熱があります。)<br>＊「열이(熱が)＋나다(出る)＋아/어/여요」 ＊「열이(熱が)＋있다(ある)＋아/어/여요」 |
| 요즘 | この頃。cf. 최근(最近) |
| 독감 | インフルエンザ。cf. 감기(風邪) |
| 유행이에요 | 流行っています。＊「유행(流行)＋이에요」 |
| 병원 | 病院。 |
| 약 | 薬。cf. 약국(薬局) |
| 조금 전에 | 先ほど。＊「조금(少し) 전에(前に)」 ⇔ 「조금 후에(後ほど)」 |
| 드셨어요? | 飲まれましたか。＊「드시다(召し上がる)＋었(過去)＋아/어/여요」 |
| 너무 | あまり。あまりにも。 |
| 무리하지 마세요 | 無理しないでください。＊「무리하다(無理する)＋지 마세요」 |
| 건강 | 健康。 |
| 제일 | 一番、第一。 |
| 중요하니까요 | 大事ですから。＊「중요하다(重要だ)＋(으)니까요」 |

### 본문번역　本文翻訳

| ジェシカ | ① | 李先生、どこか具合でも悪いですが(どこか痛いですか)。 |
| --- | --- | --- |
| 李スミン | ② | はい、頭が痛くて熱が出ます。 |
| ジェシカ | ③ | この頃、インフルエンザが流行っています。病院へ行ってみてください。 |
| 李スミン | ④ | 病院は昨日行ってきました。 |
| ジェシカ | ⑤ | 薬は飲まれましたか。 |
| 李スミン | ⑥ | はい、先ほど飲みました。 |
| ジェシカ | ⑦ | あまり無理なさらないでください(あまり無理しないでください)。<br>健康が一番大事ですから(健康が第一重要ですから)。 |
| 李スミン | ⑧ | はい、ありがとうございます。 |

## 문법　文法

**①**

### ～(으)셨～　　　尊敬過去

用言の語幹につき、敬語の過去形を表す表現です。この「～(으)셨～」は「～(으)시(尊敬)＋었(過去)」の縮約形です。

| | 셨 | | 으셨 |
|---|---|---|---|
| | 셨어요<br>(셨습니다) | | 으셨어요<br>(으셨습니다) |

가다 行く ⇒ 가셨다. 行かれた。　　가셨어요. ＝ 가셨습니다. 行かれました。

읽다 読む ⇒ 읽으셨다. お読みになった。읽으셨어요. ＝ 읽으셨습니다. お読みになりました。

가다 行く ⇒ 아버지께서는 회사에 가셨습니다. お父さんは会社に行かれました。

읽다 読む ⇒ 어제 신문을 읽으셨어요? 昨日新聞をお読みになりましたか。

드시다 召し上がる ⇒ 점심 드셨어요? お昼召し上がりましたか。

계시다 いらっしゃる ⇒ 조금 전에 어디에 계셨어요? 先ほどどこにいらっしゃいましたか。

**②**

### ～지 마세요　　　～(し)ないでください

相手の行動を禁止させる表現で、日本語の「～(し)ないでください」の意味です。「～지 마십시오」がより丁重な禁止表現です。パッチムの有無に影響されません。

| | 지 마세요 |
|---|---|
| | 지 마십시오 |

보다 見る ⇒ 사전을 보지 마세요. ＝ 사전을 보지 마십시오. 辞書を見ないでください。

찍다 撮る ⇒ 사진을 찍지 마세요. ＝ 사진을 찍지 마십시오. 写真を撮らないでください。

第15과 약은 드셨어요?

**③ ~아/어/여(해) 보다　　　　~(し)てみる**

動詞語幹に「~아/어/여 보다」が続くと、「~(し)てみる」の意味で、「試み」や「経験」を表します。動詞語幹の種類によって、「陽母音語幹＋아 보다」「陰母音語幹＋어 보다」「하語幹＋여 보다」を使い分けます。＊「~아/어/여」の使い方は8課参照。

| 陽母音語幹 | 아 보다 |
|---|---|
| 陰母音語幹 | 어 보다 |
| 하語幹 | 여 보다 ⇒ 해 보다 |

앉다 座る　　⇒　여기 앉아 보세요.　　ここに座ってみてください。
읽다 読む　　⇒　책을 읽어 보세요.　　本を読んでみてください。
말하다 話す　⇒　천천히 말해 보세요.　ゆっくり話してみてください。

**④ ~고　　　　　　　　　~で / ~(し)て**

「Aは~(し)て、Bは~(し)ている」「Aは~く、Bは~い」「Aは~で、Bは~である」のように、対等な事柄を並列に表現したり、先行文と後続文の順序を表す場合に用いられます。パッチムの有無に関係なく、用言の語幹に接続されます。

|　　　　| 고 |
|---|---|

**1 対等な事柄の並列を表す**

치다 弾く　⇒　언니는 피아노를 치고 (남)동생은 노래해요.　姉はピアノを弾いて、弟は歌います。
덥다 暑い　⇒　여름은 덥고 겨울은 추워요.　　　　　　　夏は暑く、冬は寒いです。
이다 である ⇒　아버지는 선생님이고 어머니는 주부예요.　父は先生で、母は主婦です。

**2 先行文と後続文の順序を表す**

숙제하다 宿題をする ⇒ 숙제하고 놀아요.　　　　　宿題をして遊びます。
먹다　　食べる　　⇒ 점심을 먹고 출발합시다.　お昼を食べて出発しましょう。

149

연 습  練習

**1** 가: _____(さ)れましたか。   나: はい、_____(し)ました。
　 가: いつ _____(さ)れましたか。   나: 昨日、_____(し)ました。

> 보기
> 가: 호텔을 예약하셨어요?
> 나: 네, 예약했어요.
> 가: 언제 예약하셨어요?
> 나: 어제 예약했어요.

보기 호텔을 예약하다
ホテルを予約する

1 병원에 갔다 오다
病院に行ってくる

2 감기에 걸리다
風邪を引く

3 책을 읽다
本を読む

4 이메일을 받다
メールを受け取る

5 자료를 찾다
資料を探す

6 술을 마시다
酒を飲む
＊ 마시다 → 드시다

7 점심을 먹다
昼ごはんを食べる
＊ 먹다 → 드시다

**2** 가: _____(し)ないでください。

> 보기
> 담배를 피우지 마세요.
> 담배를 피우지 마십시오.

보기 담배를 피우다
タバコを吸う

1 사진을 찍다
写真を撮る

2 주차하다
駐車する

3 휴대폰을 사용하다
携帯を使う

4 들어가다
入る

5 떠들다
お喋りする/騒ぐ

## 3

가: _____ ます/です。どうしたらいいですか。
가: _____ (で)てみてください。

**보기**
가: 열이 나요. 어떻게 해요?
나: 병원에 가 보세요.

보기
열이 나다
병원에 가다
熱が出る/病院に行く

① 잠이 안 오다
운동을 하다
眠れない/運動をする

② 운전을 배우고 싶다
학원에 다니다
運転を習いたい/自動車学校に通う

③ 좀 뚱뚱하다
다이어트하다
少し太っている/ダイエットする

④ 목이 아프다
차를 마시다
喉が痛い/お茶を飲む

⑤ 감기에 걸리다
약을 드시다
風邪をひく/薬をお飲みになる

## 4

_____ て(で) _____ ます/です。

**보기** 식사하고 30분 후에 약을 먹어요.

보기) 식사하다/30분후에 약을 먹다
2) 한국어는 재미있다/쉽다
4) 숙제하다/놀다
6) 20분 쉬다/공부하다
　*쉬다　休む

1) 오늘은 춥다/눈이 오다
3) 아버지는 선생님이다/어머니는 주부이다
5) 예약하다/식당에 가다
7) 일이 끝나다/차 한잔하러 가다
　*한잔하러 가다　一杯飲みに行く

 話す

**1** ロールプレイ相手と話し合ってみましょう。

> 보기
> 의사: 어서 오세요. 어디가 아프세요?
> 지수: 계속 열이 나서 왔어요.
> 의사: 그러세요? 언제부터 아프셨어요?
> 지수: 삼 일 전부터요.
>
> 의사: 주사를 맞고 약을 드세요.
> 밖에 나가지 마세요. 그리고 집에서 푹 쉬세요.

| 어디가 아프세요? | 언제부터 아프셨어요? | 하지 마세요 |
|---|---|---|
| 열이 나다<br>熱が出る | 삼 일 전 | 밖에 나가다 |
| 몸이 가렵다<br>体がかゆい | 일주일 전 | 목욕하다　お風呂に入る<br>お風呂をする |
| 배가 아프다<br>お腹が痛い | 어제 저녁 | 아이스크림을 드시다 |
| 기침이 나다<br>咳が出る | 오늘 아침 | 말을 하다 |

**2** 相手と話し合って、以下の質問に韓国語で答えなさい。

1) 어디가 아프세요?

2) 감기에 걸리셨어요?

3) 학교에 일찍 오셨어요?

4) 어제 잘 주무셨어요?

5) 아침에 뭘 드셨어요?

152

 聞く

① 音声をよく聞いて、具合の悪いところを見つけ、該当する番号を書きなさい。

② スキットをよく聞いて、以下の文章について○か×で答えなさい。

1) 배가 아파서 병원에 갔어요.　　（　　）

2) 콜라를 많이 마셔서 배가 아파요.　（　　）

3) 병원에서 주사를 맞고 약을 먹었어요. （　　）

③ 質問をよく聞いて、韓国語で答えを書きなさい。

1) 

2) 

3) 

4) 

5)

# 16 축제 때 뭐 할 거예요?

大学祭のとき何をするつもりですか。

 **포인트 표현**　　　　　　　　　　　　ポイント表現

1. 축제 때 뭐 할 거예요?　　　大学祭のとき何をするつもりですか。
2. 특별한 계획은 없어요.　　　特別な計画はありません。
3. 친구랑 같이 가도 돼요?　　　友達と一緒に行ってもいいですか。
4. 제가 안내할게요.　　　私が案内します。

 1. 축제 때 뭐 해요?　　2. 우에다 씨는 누구랑 공연장에 가요?

**· DIALOGUE**

1. 대학 축제 때 뭐 할 거예요?
2. 아직 특별한 계획은 없어요.
3. 그럼, 같이 공연 보러 갈까요?
4. 좋아요. 친구랑 같이 가도 돼요?
5. 물론이에요.
6. 오후에 만나서 축제 구경하고 공연장에 갑시다.
7. 제가 안내할게요.

 발 음   発音

① 連音化

| 계획은 | [계회근] | 물론이에요 | [물로니에요] |

② 濃音化 : /ㄱ, ㄷ, ㅂ, ㅅ, ㅈ/ ⇒ [ㄲ, ㄸ, ㅃ, ㅆ, ㅉ]
| 축제 | [축쩨] | 할 거예요? | [할 꺼예요?] |
| 없어요 | [업써요] | 갑시다 | [갑씨다] |
| 특별한 | [특뼈란] |

③ 口蓋音化 : /ㅌ, ㄷ/ + /이/ ⇒ [ㅊ, ㅈ]
| 같이 | [가치] |

④ ㅎ音の変化 : ㅎ音の脱落: /ㅎ/ + 母音 ⇒ [ㅎ]脱落
| 좋아요 | [조아요] |

ㅎ音の変化 : ㅎ音の弱化: /ㅎ/ ⇒ [ㄴ, ㄹ, ㅁ, ㅇ]
| 특별한 | [특뼈란] |

156

제16과 축제 때 뭐 할 거예요?

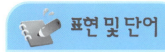 表現 & 単語

| 축제 | 祭り。フェスティバル。cf. 대학축제(大学祭/学園祭) |
|---|---|
| 할 거예요 | するつもりです。＊「하다(する)＋(으)ㄹ 거예요」 |
| 아직 | まだ。 |
| 특별한 | 特別な。＊「특별하다(特別だ)＋(으)ㄴ」 |
| 계획 | 計画。 |
| 같이 | 一緒に。 |
| 공연 | 公演。 |
| ~(이)랑 | ～と。並列・羅列の意味を表します。「～와/과」や「～하고」とも同じ意味ですが、話し言葉でよく使われます。パッチムの有無によって「～이랑」か「～랑」を選択します。<br>例)모자랑 바지　　帽子とズボン<br>　　옷이랑 구두랑 가방　服と靴とかばん |
| 가도 돼요? | 行ってもいいですか。<br>＊「가다(行く)＋아/어/여도 되다(てもいい：許可)＋아/어/여요」 |
| 물론이에요 | 勿論です。＊「물론(勿論)＋(이)에요」 |
| 제가 | 私が。 |
| 안내할게요 | 案内します。＊「안내하다(案内する)＋(으)ㄹ게요」 |

### 본문번역　本文翻訳

| 上田 | ① | 大学祭のとき何をするつもりですか。 |
|---|---|---|
| 金チス | ② | まだ、特別な計画はありません。 |
| 上田 | ③ | では、一緒に公演見に行きましょうか。 |
| 金チス | ④ | いいですね(OKです)。友達と一緒に行ってもいいですか。 |
| 上田 | ⑤ | もちろんです。 |
|  | ⑥ | 午後に会って大学祭を見物して公演場へ行きましょう。 |
|  | ⑦ | 私が案内します。 |

157

## 문법  文法

### ① ~(으)ㄹ 거예요 ①　　　~(す)るつもりです(予定)

用言の語幹に接続し、主語の「予定」や「意志」を表すことができます。パッチムのない場合は「~ㄹ거예요」を、パッチムのある場合は「~을 거예요」を使います。

　　　　　ㄹ 거예요　　　　　　　　　　　을 거예요

가다 行く ⇒ 주말에 여행 갈 거예요.　週末に旅行に行くつもりです(旅行に行きます)。
입다 着る ⇒ 내일 청바지를 입을 거예요. 明日ジーンズをはくつもりです(ジーンズをはきます)。


### ② ~아/어/여(해)도 되다　　~(し)てもいい(許可表現)

用言語幹に接続して、「~(し)てもいい」の意味で許可を表します。「되다」の代わりに「괜찮다(構わない)」を使ってもほぼ同じ意味です。「~아/어/여도 돼요」は、「~아/어/여도 되다＋어요」が縮約された形です。

　　陽母音語幹　　아도 되다
　　陰母音語幹　　어도 되다
　　하語幹　　　　여도 되다　⇒　해도 되다

앉다 座る ⇒ 의자에 앉아도 돼요. ＝ 의자에 앉아도 됩니다. 椅子に座ってもいいです。
찍다 撮る ⇒ 사진을 찍어도 돼요. ＝ 사진을 찍어도 됩니다. 写真を撮ってもいいです。
말하다 話す ⇒ 비밀을 말해도 돼요. ＝ 비밀을 말해도 됩니다. 秘密を話してもいいです。

③

　話者がある行為を行おうとする意志を表したり、話者の意志を聞き手に約束する時に使う表現です。パッチムのない場合は「～ㄹ게요」を、パッチムのある場合は「～을게요」を使います。

| □ | ㄹ 게요 | | □ | 을게요 |

| 기다리다 | 待つ | ⇒ | 여기서 기다릴게요. | ここで待ちます。 |
| 먹다 | 食べる | ⇒ | 나중에 먹을게요. | 後で食べます。 |
| 안내하다 | 案内する | ⇒ | 제가 안내할게요. | 私が案内します。 |

④ ～(으)ㄴ/ 는　　　形容詞の連体形

　形容詞の後に名詞が続く場合の連体形、つまり、形容詞が名詞を修飾するときの形容詞連体形です。パッチムがない場合は「～ㄴ」、パッチムがある場合は「～은」を使って連体形を作ります。ただし、「～있다/없다」で終わる形容詞は、「語幹＋는」になることに気をつけましょう。「ㅂ変則形容詞」や「ㄹ変則形容詞」についても、連体形の変化を確認しておきましょう。

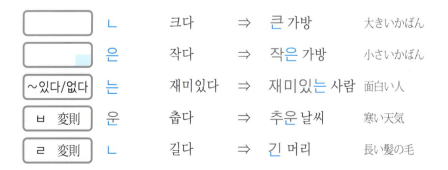

 練習

▶ 下の絵を参考に、[1-2]の表現を練習しましょう。

1 가 : 週末に何をするつもりですか。　　나 : ＿＿＿＿＿＿＿(す)るつもりです。

 가: 주말에 뭐 할 거예요?
나: 영화를 볼 거예요.

보기) 영화를 보다　　1) 음악회에 가다　　2) 집에서 쉬다　　3) 리포트를 쓰다
　　　4) 빵을 만들다　　5) 야구를 하다　　6) 쇼핑하다　　　7) 여행하다


2 가 : 週末に ＿＿＿＿＿＿ (す)るつもりですか。
나 : はい、＿＿＿＿(す)るつもりです。／ いいえ、＿＿＿＿(し)ないつもりです。

가: 주말에 영화를 볼 거예요?
나: 네, 볼 거예요. / 아뇨, 안 볼 거예요.

보기) 영화를 보다　　1) 음악회에 가다　　2) 집에서 쉬다　　3) 리포트를 쓰다
　　　4) 빵을 만들다　　5) 야구를 하다　　6) 쇼핑하다　　　7) 여행하다

**3** 가 : 何を _____ (す)るつもりですか。
　　나 : _____ と _____ を _____ (す)るつもりです。

> 보기
> 가: 뭘 살 거예요?
> 나: 옷이랑 구두를 살 거예요.

사다 買う
옷 / 구두

먹다 食べる
햄버거 / 샌드위치

입다 着る
티셔츠 / 바지

보내다 送る
선물 / 카드

**4** 가 : _____ い _____ がいいですか。_____ い _____ がいいですか。
　　나 : _____ い _____ がいいです。

> 보기
> 가: 큰 가방이 좋아요? 작은 가방이 좋아요?
> 나: 큰 가방이 좋아요.

크다↔작다
大きい 小さい
가방 かばん

싸다↔비싸다
安い 高い
자동차 自動車

넓다↔좁다
広い 狭い
교실 教室

높다↔낮다
高い 低い
산 山

맛있다↔맛없다
おいしい おいしくない
사과 りんご

덥다↔춥다
暑い 寒い
나라 国

쉽다↔어렵다
易しい 難しい
운동 運動

가볍다↔무겁다
軽い 重い
가방 かばん

가깝다↔멀다
近い 遠い
학교 学校

짧다↔길다
短い 長い
치마 スカート

5 가 : _____ (し)てもいいですか。
　나 : はい、_____ (し)てもいいです。
　　　いいえ、だめです。_____ (し)ないでください。

보기
가: 담배를 피워도 돼요?
나: 네, 피워도 돼요.
　　아뇨, 안 돼요. 피우지 마세요.

보기
담배를 피우다
タバコを吸う

1
사진을 찍다
写真撮る

2
화장실에 가다
トイレに行く

3
휴대폰을 쓰다
携帯を使う

4
사전을 보다
辞書を見る

5
옆에 앉다
隣に座る

6
술을 마시다
酒を飲む

7
주차하다
駐車する

6  _____ (し)ます。

보기
내일 전화하겠습니다.
내일 전화할게요.

보기
내일 전화하다
明日電話する

1
잘 부탁드리다
よろしくお願いする

2
먼저 들어가다
先に入る

3
기대하다
期待する

4
비빔밥을 먹다
ビビンバを食べる

5
열심히 하다
頑張る

6
소개하다
紹介する

7
제가 하다
私がする

162

 話す

① ロールプレイ相手と未来の予定について話し合いましょう。

> 보기 우에다: **내일** 뭐 할 거예요?
> 지 수: 아직 **특별한 일**은 없어요.
> 우에다: 그럼, 같이 **영화를 볼**까요?
> 지 수: 좋아요. 그런데 친구랑 같이 가도 돼요?
> 우에다: 물론이에요.

| ~(에) 뭐 할 거예요? | ~은 / 는 없어요. | | 같이 ~(으)ㄹ까요? |
|---|---|---|---|
| 내일 | 특별한 일 | | 영화를 보다 |
| 주말 | 특별한 계획(計画) | | 테니스 치다 |
| 방학 때 | 특별한 일정(日程) | | 한국에 여행 가다 |
| 크리스마스 때 | 특별한 약속 | | 콘서트에 가다 |

② ロールプレイ相手と話し合って、以下の質問に韓国語で答えなさい。

1) 이번 주말에 뭐 할 거예요?
2) 가족 중에서 제일(第一) 바쁜 사람은 누구예요?
3) 하루(一日) 중에서 제일 바쁜 때는 언제예요?
4) 생일 때 받고 싶은 선물이 뭐예요?
5) 가장(一番) 유명한 한국 음식/일본 음식은 뭐예요?   *유명하다 : 有名だ
6) 요즘 가장 인기 있는 연예인은 누구예요?   *인기가 있다 : 人気がある

## 듣기　聞く

**68** **①** 音声をよく聞いて、適当なものを書き入れなさい。

|  | 과거 (過去) | 미래 (未来) |
|:---:|:---:|:---:|
| 보기 | 토스트 | 비빔밥 |
| 1 |  | 극장 |
| 2 | 농구 |  |
| 3 |  | 제주도 |
| 4 | 독일어 |  |

**69** **②** スキットをよく聞いて、以下の文章について○か×で答えなさい。

動画で見る

1) 지수 씨는 방학 때 한국에 갈 거예요. 　　　　　　　　( 　 )

2) 우에다 씨는 가족들이랑 한국에 여행 갈 거예요. 　　　( 　 )

3) 인사동(仁寺洞)이랑 경복궁(景福宮)은 서울에서 유명해요. 　( 　 )

**70** **③** 質問をよく聞いて、韓国語で答えを書きなさい。

1) ...........................................................................................

2) ...........................................................................................

3) ...........................................................................................

4) ...........................................................................................

5) ...........................................................................................

164

# 17 테니스를 칠 수 있어요?

テニスができますか。

##  포인트 표현    ポイント表現

1. 테니스를 치거나 음악을 들어요.    テニスをしたり音楽を聴きます。
2. 지금 배우고 있어요.    今習っています。
3. 테니스를 칠 수 있어요?    テニス(をすること)ができますか。
4. 테니스를 못 쳐요.    テニス(をすること)ができません。
5. 서클에 들어오면 배울 수 있어요.    サークルに入れば習うことができます。

1. 주말에 뭐 해요?    2. 우에다 씨는 테니스를 잘 쳐요?
3. 우에다 씨는 어디에서 테니스를 배우고 있어요?

### DIALOGUE

 1. 주말에 뭐 해요?

 2. 테니스를 치거나 음악을 들어요.

 3. 테니스 잘 쳐요?

 4. 아뇨, 지금 배우고 있어요.

5. 지수 씨는 테니스를 칠 수 있어요?

 6. 아뇨, 못 쳐요. 그런데 어디서 테니스를 배워요?

 7. 서클에서 선배들한테 배우고 있어요.

 8. 거기서 저도 배울 수 있어요?

 9. 서클에 들어오면 배울 수 있어요.

 발음  発音

**① 連音化**

| 주말에 | [주마레] | 음악을 | [으마글] |
| 들어요 | [드러요] | 있어요 | [이써요] |
| 칠 수 있어요? | [칠 쑤 이써요?] | 서클에서 | [서크레서] |
| 들어오면 | [드러오면] | 배울 수 있어요 | [배울 쑤 이써요] |

**② 濃音化** : /ㄱ, ㄷ, ㅂ, ㅅ, ㅈ/ ⇒ [ㄲ, ㄸ, ㅃ, ㅆ, ㅉ]

칠 수 있어요? [칠 쑤 이써요?]   배울 수 있어요 [배울 쑤 이써요]

**③ ㅎ音の変化：ㅎ音弱化** : /ㅎ/ ⇒ [ㄴ, ㄹ, ㅁ, ㅇ]

선배들한테   [선배드란테]

166

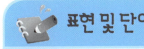

**표현 및 단어** 表現 & 単語

| | |
|---|---|
| 테니스 | テニス。 |
| 치거나 | 打ったり。 *「치다(打つ)+거나」<br>ここでは、「테니스를 치다(テニスをする)」の意味です。 |
| 음악 | 音楽。 |
| 들어요 | 聴きます。*「듣다(聴く/聞く)+아/어/여요」 |
| 잘 쳐요 | 上手です。得意です。「잘(よく)+치다(打つ)+아/어/여요」 |
| 지금 | 今。 |
| 배우고 있어요 | 習っています。 *「배우다(習う/学ぶ)+고 있어요」 |
| 테니스 칠 수 있어요? | テニスできますか。*「치다(打つ)+(으)ㄹ 수 있어요」 |
| 못 쳐요 | できません。 *「못(不可能)+치다(打つ)+아/어/여요」 |
| 그런데 | ところで。 |
| 어디서 | どこで。 |
| 서클 | サークル。「동아리」とも言います。 |
| 선배들 | 先輩達。 *「선배(先輩)+들(達)」⇔「후배(後輩)」 |
| ~한테 | ~に。動作の対象を表します。「~에게(~に)」より話し言葉的です。 |
| 들어오면 | 入れば(入会すれば)。 *「들어오다(入る)+(으)면(ば)」 |
| 배울 수 있어요 | 習えます。習うことができます。 *「배우다(習う)+(으)ㄹ 수 있어요」 |

**본문번역** 本文翻訳

| | | |
|---|---|---|
| 金チス | ① | 週末に何をしますか。 |
| 上田 | ② | テニスをしたり音楽を聴きます。 |
| 金チス | ③ | テニス上手ですか。 |
| 上田 | ④ | いいえ、今習っています。 |
| | ⑤ | チスさんは、テニスできますか。 |
| 金チス | ⑥ | いいえ、できません。ところで、どこでテニスを習っていますか。 |
| 上田 | ⑦ | サークルで先輩に習っています。 |
| 金チス | ⑧ | そこで私も習えますか。 |
| 上田 | ⑨ | サークルに入れば習えます。 |

## 문법　文法

**①**

| ～(으)ㄹ 수 있다 | ～(す)ることができる |
| --- | --- |
| ～(으)ㄹ 수 없다 | ～(す)ることができない |

可能・不可能や能力の有無を表す表現で、「～(으)ㄹ 수 있다(～することができる)」「～(으)ㄹ 수 없다(～することができない)」の意味です。パッチムがない場合は「～ㄹ 수 있다」、パッチムがある場合は「～을 수 있다」を使います。

|  | ㄹ 수 있다 |  | 을 수 있다 |
| --- | --- | --- | --- |
|  | ㄹ 수 없다 |  | 을 수 없다 |

운전하다 運転する

⇒ 운전할 수 있어요. 運転できます。　　　운전할 수 없어요. 運転できません。
　　　　　　　　　運転することができます。　　　　　　　　運転することができません。

먹다 食べる

⇒ 먹을 수 있어요. 食べられます。　　　먹을 수 없어요. 食べられません。
　　　　　　　食べることができます。　　　　　　　食べることができません。

＊日本語の場合は「～ができる/できない」になるが、韓国語の場合は「～을/를 ～(으)ㄹ 수 있다/없다」になります。

수영을 하다　水泳をする　⇒　수영을 할 수 있어요. 水泳ができます。

**②**

| 못～ | ～(す)ることができない |
| --- | --- |
| ～지 못하다 | ～(す)ることができない |

「～(으)ㄹ 수 없다(～することができない)」と同様に、不可能や能力が無いことを表します。
用言の前に「못～」をつけることで前置不可能形にすることもできますが、語幹の後ろに「～지 못하다」をつけて後置不可能形を作ることもできます。

못 ☐

☐ 지 못하다

가다 行く　⇒ 바빠서 못 가요.　＝ 바빠서 가지 못해요. 忙しくて行けません。
먹다 食べる ⇒ 김치는 못 먹어요.　＝ 김치는 먹지 못해요. キムチは食べられません。

168

③ ~고 있다    ~(し)ている(動作の進行)

「~고 있다」は動作動詞の語幹に付いて、進行・継続中の動作を表す表現です。パッチムの有無に影響されません。

　　　　□□□ 고 있다

보다 見る ⇒ 지금 드라마를 보고 있어요. 今ドラマを見ています。
읽다 読む ⇒ 책을 읽고 있어요.　　　本を読んでいます。

＊ ~아/어/여(해) 있다 : ~(し)ている（状態の継続）

日本語の「~(し)ている」表現の中で、「状態の持続」を表す「~(し)ている」の場合は韓国語においては「~아/어/여(해) 있다」を使い、主に自動詞の語幹につきます。

앉다 座る ⇒ 의자에 앉아 있어요. 椅子に座っています。[状態の持読]
열리다 開く ⇒ 창문이 열려 있어요. 窓が開いています。　[状態の持読]

④ ~(으)면    ~ば/と/たら(条件表現)

後ろに続く文の動作や状態の前提条件を表すもので、「~ば/と/たら」とほぼ同じです。パッチムがない場合は「~면」、パッチムがある場合は「~으면」を使います。

　　　□□□ 면　　　　　으면

가다 行く ⇒ 한국에 가면 김치를 먹고 싶어요. 韓国に行ったらキムチを食べたいです。
있다 ある ⇒ 시간이 있으면 놀러 오세요.　　時間があれば遊びに来てください。

**⑤**

| ~거나 | ~(し)たり |
|---|---|

用言の語幹に付いて、2つ以上の動作や状態を羅列する表現で、「～(し)たり」の意味です。パッチムの有無に影響されません。

| | 거나 |
|---|---|

보다 見る ⇒ 영화를 보**거나** 게임을 해요. 映画を見たりゲームをします。
듣다 聞く/聴く ⇒ 음악을 듣**거나** 책을 읽어요. 音楽を聴いたり本を読みます。

**⑥**

| ㄷ변칙용언 | ㄷ変則用言 |
|---|---|

語幹末が「ㄷ」である一部用言が「ㄷ変則用言」です。この「ㄷ変則用言」は「ㄷ」の後に母音が続くと、「ㄷ」が「ㄹ」に変わります。ただし、＊の「닫다，받다」は規則用言です。

| | ~습니다 | ~아/어/여요 | ~(으)면 | ~(으)니까 | ~지만 |
|---|---|---|---|---|---|
| 걷다 歩く | 걷습니다 | 걸어요 | 걸으면 | 걸으니까 | 걷지만 |
| 묻다 尋ねる/問う | 묻습니다 | 물어요 | 물으면 | 물으니까 | 묻지만 |
| 듣다 聞く/聴く | 듣습니다 | 들어요 | 들으면 | 들으니까 | 듣지만 |
| ＊닫다 閉める | 닫습니다 | 닫아요 | 닫으면 | 닫으니까 | 닫지만 |
| ＊받다 もらう/受け取る | 받습니다 | 받아요 | 받으면 | 받으니까 | 받지만 |

제17과 테니스를 칠 수 있어요?

# 연습
練習

▶ 下の絵を参考に、[1−2]の表現を練習しましょう。

1 가 : 週末に何をしますか。　나 : ＿＿＿＿＿(し)たり ＿＿＿＿＿(し)ます。

> 보기
> 가: 주말에 뭐 해요?
> 나: 테니스를 치거나 야구를 해요.

보기) 테니스를 치다　1) 스키를 타다　2) 피아노를 치다　3) 기타를 치다
　　　 야구를 하다　　　 그림을 그리다　　 요리하다　　　　사진을 찍다


2 가 : 今何をしていますか。　나 : ＿＿＿＿＿を＿＿＿＿＿(し)ています。
　가 : ＿＿＿＿＿が上手ですか。　나 : いいえ、今習っています。

> 보기
> 가: 지금 뭐 하고 있어요?
> 나: 테니스를 치고 있어요.
> 가: 테니스를 잘 쳐요?
> 나: 아뇨, 지금 배우고 있어요.

보기) 테니스를 치다　1) 스키를 타다　2) 피아노를 치다　3) 기타를 치다
　　　4) 야구를 하다　5) 그림을 그리다　6) 요리하다　　　7) 사진을 찍다

171

**3** 가: _____(す)ることができますか。

　　나: はい、_____(す)ることができます。

　　　　いいえ、_____(す)ることができません。

> 보기
> 
> 가: 운전할 수 있어요?
> 나: 네, 운전할 수 있어요.
> 　　아뇨, 운전할 수 없어요. / 운전 못 해요.

보기

운전하다
運転する

1
수영하다
水泳する

2
복사하다
コピーする

3
카드로 계산하다
カードで勘定する

4
전화로 예약하다
電話で予約する

5
한글을 읽다
ハングルを読む

6
피아노를 치다
ピアノを弾く

7
한국 음식을 만들다
韓国料理を作る

**4** _____(す)れば/(し)たら/(す)ると _____(し)てください。

>  보기
> 
> 컴퓨터가 싸면 사세요.

보기) 컴퓨터가 싸다 / 사다

1) 모르다 / 질문하다　　　　　　わからない / 質問する

2) 버스가 안 오다 / 택시를 타다　バスが来ない / タクシーに乗る

3) 시간이 있다 / 집에 오다　　　時間がある / 家に来る

4) 맛있다 / 더 드시다　　　　　　美味しい / もっと召し上がる

5) 대학생이 되다 / 소개팅을 하다　大学生になる / 合コンをする

6) 덥다 / 에어컨을 켜다　　　　　暑い / エアコンをつける

172

제17과 **테니스를 칠 수 있어요?**

▶ 下の絵を参考に、[5-6]の表現を練習しましょう

5 ＿＿＿＿＿＿＿＿(し)ます。

> 보기
> 음악을 듣습니다.
> 음악을 들어요.

보기) 음악을 듣다　　　1) 1시간쯤 걷다　　　2) 모르면 묻다
　　　　　　　　　　　3) *문을 닫다　　　　4) *선물을 받다

6 가 : ＿＿＿＿＿＿＿＿(し)てもいいですか。
　나 : はい、＿＿＿＿＿＿(し)てもいいです。
　　　　いいえ、だめです。＿＿＿＿＿＿(し)ないでください。

> 보기
> 가 : 음악을 들어도 돼요?
> 나 : 네, 들어도 돼요.
> 　　아뇨, 안 돼요. 듣지 마세요.

보기) 음악을 듣다　　　1) 1시간쯤 걷다　　　2) 모르면 묻다
　　　　　　　　　　　3) *문을 닫다　　　　4) *선물을 받다

173

 말하기　　話す

① ロールプレイ相手の趣味を聞いてみましょう。

> 보기
> 우에다: 취미가 뭐예요?
> 지 수: 수영이에요.
> 우에다: 수영 잘해요?
> 지 수: 아뇨, 아직 잘 못해요. 지금 배우고 있어요.
> 우에다: 어디에서 누구한테 배워요?
> 지 수: 스포츠 센터에서 강사한테 배워요.
> 우에다: 저도 배울 수 있어요?
> 지 수: 그럼요, 등록하면 배울 수 있어요.

| 취미가 뭐예요? | 어디에서 누구한테 배워요? | 어떻게 하면 배울 수 있어요? |
|---|---|---|
| 수영 | 스포츠 센터<br>강사 講師 | 등록하다 登録する |
| 요리 | 집<br>어머니 | 우리 집에 오다 |
| 사진 찍기 | 문화 센터 文化センター<br>선생님 | 등록하다 登録する |
| 테니스 | 학교<br>선배 先輩 | 동아리에 들어오다 |

② ロールプレイ相手と話し合って、以下の質問に韓国語で答えなさい。

1) 취미가 뭐예요?
2) 주말에 뭐 해요? ([-거나]を使って答えなさい。)
3) 운전할 수 있어요?
4) 한글을 읽을 수 있어요?
5) 졸업(卒業)하면 뭐 하고 싶어요?
6) 한국어를 누구한테 배워요?

174

聞く

**73** ① 音声をよく聞いて、それぞれの人に出来ることと出来ないことを調べなさい。

|  | 스키 | 테니스 | 수영 | 피아노 | 김치 | 비빔밥 |
|---|---|---|---|---|---|---|
| 例 김지수 | ○ |  |  |  | × |  |
| 1 제시카 |  |  |  |  |  |  |
| 2 우에다 |  |  |  |  |  |  |
| 3 이수민 |  |  |  |  |  |  |
| 4 다나카 |  |  |  |  |  |  |

**74** ② スキットをよく聞いて、以下の文章について○か×で答えなさい。

1) 지수 씨는 에어로빅을 배우고 있어요.　　(　　)

2) 두 사람은 내일 스포츠 센터에 갈 거예요.　　(　　)

3) 이번 주에는 무료(無料)로 여러 프로그램을 체험(体験)해 볼 수 있어요.　　(　　)

**75** ③ 質問をよく聞いて、韓国語で答えを書きなさい。

1) _____

2) _____

3) _____

4) _____

5) _____

# 18 소개팅을 한 적이 있어요?

合コンをしたことがありますか。

##  포인트 표현

ポイント表現

1. 소개팅을 한 적이 있어요?  合コンをしたことがありますか。
2. 소개팅한 사람은 어땠어요?  合コンした人はどうでしたか。
3. 운동을 잘하는 사람을 좋아해요.  運動の得意な人が好きです。

1. 지수 씨는 소개팅을 한 적이 있어요?
2. 소개팅한 사람은 마음에 들었어요?
3. 지수 씨는 어떤 사람을 좋아해요?

**DIALOGUE**

 1. 지수 씨, 한국 대학생들은 소개팅을 많이 해요?

 2. 네, 많이 해요.

 3. 지수 씨도 소개팅을 한 적이 있어요?

 4. 네, 해 봤어요.

 5. 소개팅한 사람 중에서 마음에 든 사람 있었어요?

 6. 아뇨, 없었어요.

 7. 그래요? 지수 씨는 어떤 사람을 좋아해요?

 8. 유머가 있는 사람, 운동을 잘하는 사람을 좋아해요.

 발음  発音

① 連音化

| 대학생들은 | [대학쌩드른] | 한 적이 있어요? | [한 저기 이써요?] |
| 봤어요 | [봐써요] | 마음에 | [마으메] |
| 있었어요? | [이써써요?] | 없었어요 | [업써써요] |
| 사람을 | [사라믈] | | |

② 鼻音化① : /ㄱ, ㄷ, ㅂ/ ⇒ [ㅇ, ㄴ, ㅁ]

있는    [인는]

③ 濃音化 : /ㄱ, ㄷ, ㅂ, ㅅ, ㅈ/ ⇒ [ㄲ, ㄸ, ㅃ, ㅆ, ㅉ]

대학생들은    [대학쌩드른]        없었어요    [업써써요]

④ ㅎ音の変化 : ㅎ音の脱落 : /ㅎ/ ＋ 母音 ⇒ [ㅎ]脱落

많이    [마니]        좋아해요    [조아해요]

⑤ ㅎ音の変化 : ㅎ音弱化 : /ㅎ/ ⇒ [ㄴ, ㄹ, ㅁ, ㅇ]

잘하는    [자라는]

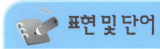 表現 & 単語

| | |
|---|---|
| 소개팅 | 合コン。＊「소개(紹介)＋미팅(合コン)」 |
| 소개팅을 한 적이 있어요? | 合コンをしたことがありますか。経験を表すときの話し言葉として、「소개팅해 봤어요?(合コンしてみましたか)」もある。<br>＊「소개팅을 하다(合コンをする)＋(으)ㄴ 적이 있다(たことがある)＋아/어/여요」 |
| 해 봤어요 | してみました。＊「해 보다(してみる)＋았(過去)＋아/어/여요」 |
| 마음에 든 | 気に入った〜。＊「마음에 들다(気に入る)＋(으)ㄴ」<br>cf. 마음에 든 사람(気に入った人)<br>　　마음에 든 가방(気に入ったかばん) |
| 어떤 | どんな。＊「어떻다(どうだ)＋(으)ㄴ」 |
| 유머 | ユーモア。 |
| 잘하다 | 上手だ。得意だ。 |

### 본문번역　本文翻訳

| | | |
|---|---|---|
| 上田 | ① | チスさん、韓国の大学生達は合コンをよくしますか。 |
| 金チス | ② | はい、沢山やります。 |
| 上田 | ③ | チスさんも合コンをしたことがありますか。 |
| 金チス | ④ | はい、してみました(したことがあります)。 |
| 上田 | ⑤ | 合コンした人の中で、気に入った相手がいましたか。 |
| 金チス | ⑥ | いいえ、いませんでした。 |
| 上田 | ⑦ | そうですか。チスさんはどんな人が好きですか。 |
| 金チス | ⑧ | ユーモアのある人、運動が得意な人が好きです。 |

## 문법  文法

**①**

> ~(으)ㄴ 적이 있다 　　　~(し)たことがある
> ~(으)ㄴ 적이 없다 　　　~(し)たことがない

　ある出来事や事実を過去に経験したことがあるかないかを表す表現です。より明確に「体験」や「経験」を「試みたことがあるかないか」を表現するためには「~아/어/여 본 적이 있다(~てみたことがある)」と「~아/어/여 본 적이 없다(~てみたことがない)」を用いる場合もあります。同じく過去経験の表現として、「~아/어/여 봤어요(~てみました)」という表現もあります。

|  | ㄴ 적이 있다 |  | 은 적이 있다 |
|---|---|---|---|
|  | ㄴ 적이 없다 |  | 은 적이 없다 |

만나다 会う ⇒ 존 레논을 만난 적이 있어요. 　ジョンレノンに会ったことがあります。
입다　着る ⇒ 치마를 입은 적이 없어요. 　スカートをはいたことがありません。

### 「経験がある」の表現

가다 行く 　⇒ 한국에 간 적이 있어요. 　　韓国に行ったことがあります。
　　　　　　 한국에 가 본 적이 있어요. 　韓国に行ってみたことがあります。
　　　　　　 한국에 가 봤어요. 　　　　韓国に行ってみました。

먹다 食べる ⇒ 김치를 먹은 적이 있어요. 　キムチを食べたことがあります。
　　　　　　 김치를 먹어 본 적이 있어요. キムチを食べてみたことがあります。
　　　　　　 김치를 먹어 봤어요. 　　　キムチを食べてみました。

### 「経験がない」の表現

가다 行く 　⇒ 한국에 간 적이 없어요. 　　韓国に行ったことがありません。
　　　　　　 한국에 가 본 적이 없어요. 　韓国に行ってみたことがありません。

먹다 食べる ⇒ 김치를 먹은 적이 없어요. 　キムチを食べたことがありません。
　　　　　　 김치를 먹어 본 적이 없어요. キムチを食べてみたことがありません。

180

② ~(으)ㄴ　　　~(し)た(過去連体形)

動詞の過去形で名詞を修飾する場合の過去連体形です。すでに実現した事柄に用いられます。パッチムが無い場合は「~ㄴ」、パッチムのある場合は「~은」を使います。

사다 買う ⇒ 산　　　먹다 食べる ⇒ 먹은

어제 가방을 샀어요. 昨日かばんを買いました。 ⇒ 어제 산 가방　昨日買ったかばん
어제 카레를 먹었어요. 昨日カレーを食べました。 ⇒ 어제 먹은 카레　昨日食べたカレー

③ ~는　　　~(す)る/~(し)ている(現在連体形)

動詞の現在形で名詞を修飾する場合の連体形です。現在行われている(または存在する)事柄や習慣、一般的事実の場合に用いられます。パッチムの有無に影響されません。

공부하다 勉強する ⇒ 공부하는
읽다　　 読む　　 ⇒ 읽는

학생이 공부합니다. 学生が勉強します。 ⇒ 공부하는 학생　勉強する学生
학생이 책을 읽어요. 学生が本を読みます。 ⇒ 책을 읽는 학생　本を読む学生

④ ~(으)ㄹ　　　~(す)る(未来連体形)

名詞を修飾する未来連体形の場合は、まだ実現していない事柄を表す時に使われます。パッチムが無い場合は「~ㄹ」、パッチムのある場合は「~을」を使います。

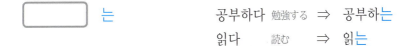

보다 見る ⇒ 볼　　　입다 着る ⇒ 입을

내일 영화를 봅니다. 明日映画を見ます。 ⇒ 내일 볼 영화　明日見る映画
내일 바지를 입어요. 明日ズボンをはきます。 ⇒ 내일 입을 바지　明日はくズボン
＊形容詞の連体形については、16課参照。

181

 練習

1 가: _____ (ㄴ/은)(ㄹ)타 적이 있습니까.
  나: 네, _____ (ㄴ/은) 적이 있습니다.
     아뇨, _____ (ㄴ/은) 적이 없습니다.

보기)
가: 지각을 한 적이 있어요?
나: 네, 지각을 한 적이 있어요.
   아뇨, 지각을 한 적이 없어요.

보기) 지각을 하다 / 遅刻をする
1) 거짓말을 하다 / 嘘をつく
2) 병원에 입원하다 / 病院に入院する
3) 상을 받다 / 賞をもらう
4) 시합에서 이기다 / 試合で勝つ
5) 지갑을 잃어버리다 / 財布を無くす
6) 결석을 하다 / 欠席をする
7) 친구를 오해하다 / 友達を誤解する

2 가: _____ (ㄴ/은)어 본 적이 있습니까.　나: 네, _____ (ㄴ/은) 봤습니다.
  가: どうでしたか。　　　　　　　　　　　　나: _____ (かっ)たです.

보기)
가: 한국에 가 본 적이 있으세요?
나: 네, 가 봤어요.
가: 어땠어요?
나: 음식이 맛있었어요.

보기) 한국에 가다 / 음식이 맛있다      1) 홈스테이를 하다 / 재미있다
2) 한국 사람과 이야기하다 / 어렵다    3) 김치찌개를 먹다 / 맵다
4) 한복을 입다 / 예쁘다               5) 도자기를 만들다 / 어렵다    *도자기 陶磁器

3 가: _____ (す)るところはどこですか。　나: あそこです。

> 보기
> 가: 버스를 타는 곳이 어디예요?
> 나: 저기예요.

보기) 버스를 타다 / バスに乗る

1) 쓰레기를 버리다 / ゴミを捨てる

2) 갈아타다 / 乗り換える

3) 표를 팔다 / チケットを売る

4 가: だれが _____ さんですか。
　나: _____ (し)ている人です。

> 보기
> 가: 누가 지수 씨예요?
> 나: 책을 읽는 사람이에요.

보기) 지수　　　1) 다나카　　　2) 안나　　　3) 올가
4) 마키　　　5) 이수민　　　6) 왕진　　　7) 제시카

**5** 가: _____(し)た _____ をみせてください。
  나: どうぞ、これが _____(し)た _____ です。

> 보기
> 가: 한국에서 찍은 사진 좀 보여 주세요.
> 나: 여기요, 이게 한국에서 찍은 사진이에요.

보기 한국에서 찍다 / 사진
韓国で撮る/写真

1 여동생이 그리다 / 그림
妹が描く/絵

2 생일 때 받다 / 선물
誕生日の時もらう/プレゼント

3 방학 때 읽다 / 책
休みの時読む/本

4 선생님에게 빌리다 / CD
先生に借りる/CD

5 직접 만들다 / 도시락
直接作る(手作り)/お弁当

**6** 가: 結構忙しいですか。  나: はい、_____(す)る時間もないですね。

> 보기
> 가: 많이 바빠요?
> 나: 네, 밥을 먹을 시간도 없네요.

보기 밥을 먹다
ご飯を食べる

1 텔레비전을 보다
テレビを見る

2 친구를 만나다
友達に会う

3 책을 읽다
本を読む

4 운동을 하다
運動をする

5 청소하다
掃除する

6 커피를 마시다
コーヒーを飲む

7 음식을 만들다
料理を作る

 話す

① 好きなタイプの人について、男性と女性それぞれのBest3を選んで、ロールプレイ相手と話し合ってみましょう。

> 보기 가: 어떤 사람을 좋아하세요?
> 나: 친절하고 유머가 있는 사람을 좋아해요.

| 친절하고 유머가 있다 | 親切でユーモアがある | 성실하고 책임감이 있다 | 真面目で責任感がある |
|---|---|---|---|
| 활발하고 운동을 잘하다 | 活発で運動が得意だ | 요리를 잘하다 | 料理が上手だ |
| 마음이 따뜻하고 착하다 | 心が暖かくて優しい | 성격이 좋고 밝다 | 性格がよくて明るい |
| 능력이 있고 적극적이다 | 能力があり、積極的だ | 예쁘고 세련되다 | 綺麗でセンスがある |

| 좋아하는 사람 (남자) |
|---|
| 1)              사람 |
| 2)              사람 |
| 3)              사람 |

| 좋아하는 사람 (여자) |
|---|
| 1)              사람 |
| 2)              사람 |
| 3)              사람 |

② 相手と話し合って、以下の質問に韓国語で答えなさい。

1) 좋아하는 음식이 뭐예요?

2) 싫어하는 음식이 있어요?

3) 자주 부르는 노래가 뭐예요?   *부르다 : 歌う/呼ぶ

4) 졸업식(卒業式) 때 받은 선물은 뭐예요?

5) 한국에 갈 계획이 있어요?

6) 소개팅해 봤어요?

   聞く

**78** ① 音声をよく聞いて、誰についての話なのかを見つけ、該当する記号を書きなさい。

| 例 스티브 | ① 미라 | ② 안도 | ③ 야스히로 | ④ 크리스 |
|---|---|---|---|---|
| 나 | | | | |

**79** ② スキットをよく聞いて、以下の文章について○か×で答えなさい。

1) 지수 씨는 지금 빵을 만들 계획이에요. (　　)

2) 지수 씨는 치즈 케이크를 만들 수 없어요. (　　)

3) 두 사람은 다음 주에 케이크를 만들 거예요. (　　)

**80** ③ 質問をよく聞いて、韓国語で答えを書きなさい。

1) ＿＿＿＿＿＿＿＿＿＿＿＿＿＿＿＿＿＿＿＿

2) ＿＿＿＿＿＿＿＿＿＿＿＿＿＿＿＿＿＿＿＿

3) ＿＿＿＿＿＿＿＿＿＿＿＿＿＿＿＿＿＿＿＿

4) ＿＿＿＿＿＿＿＿＿＿＿＿＿＿＿＿＿＿＿＿

5) ＿＿＿＿＿＿＿＿＿＿＿＿＿＿＿＿＿＿＿＿

# 19 어머니께 선물하려고 해요.

お母さんにプレゼントしようと思っています。

## 포인트 표현

ポイント表現

1. 어머니께 선물하<u>려고 해요</u>.　　お母さんにプレゼントしようと思っています。
2. 스카프 좀 <u>해 봐도 돼요</u>?　　スカーフ試してみてもいいですか。
3. <u>빨간</u> 스카프는 어떠세요?　　赤いスカーフはいかがですか。

1. 지수 씨는 누구에게 선물하려고 해요?
2. 지수 씨는 무엇을 샀어요?

187

### DIALOGUE

1. 어서 오세요. 찾으시는 물건 있으세요?
2. 스카프랑 장갑 좀 보여 주세요.
3. 선물하실 거예요?
4. 네, 어머니께 선물하려고 해요.
5. 그럼, 이 빨간 스카프는 어떠세요?
6. 좀 해 봐도 돼요?
7. 네, 해 보세요. 요즘 가장 인기 있는 상품이에요.
8. 디자인도 예쁘고 색깔도 마음에 드네요.
9. 이걸로 할게요.

## 발음  発音

① 連音化

| 찾으시는 | [차즈시는] | 있으세요? | [이쓰세요?] |
| 마음에 | [마으메] | 상품이에요 | [상푸미에요] |

② 鼻音化① : /ㄱ,ㄷ,ㅂ/ ⇒ [ㅇ,ㄴ,ㅁ]

인기 있는    [인기 인는]

③ 濃音化 : /ㄱ, ㄷ, ㅂ, ㅅ, ㅈ/ ⇒ [ㄲ, ㄸ, ㅃ, ㅆ, ㅉ]

선물하실 거예요? [선무라실 꺼예요?]    할게요    [할께요]

④ ㅎ音の変化：ㅎ音弱化： /ㅎ/ ⇒ [ㄴ,ㄹ,ㅁ,ㅇ]

선물하실 거예요? [선무라실 꺼예요?]    선물하려고    [선무라려고]

188

第19과 어머니께 선물하려고 해요.

 表現 & 単語

| | |
|---|---|
| 찾으시는 | お探しになる。＊「찾다(探す)＋(으)시(尊敬)＋는」 |
| 물건 | 品物。もの。 |
| 있으세요? | ございますか。＊「있다(ある)＋(으)세요?」 |
| 스카프 | スカーフ。 |
| 장갑 | 手袋。 |
| 선물하실 거예요? | プレゼントなさるつもりですか。<br>＊「선물하다(プレゼントする)＋(으)시(尊敬)＋(으)ㄹ 거예요」 |
| 빨간 | 赤い。＊「빨갛다(赤い)＋(으)ㄴ」 |
| 어떠세요? | いかがですか。＊「어떻다(どうだ)＋(으)세요?」 |
| 해 봐도 돼요? | してみてもいいですか。試してみてもいいですか。<br>＊「해 보다(してみる)＋아/어/여도 되다(許可)＋아/어/여요?」 |
| 가장 | 一番。 |
| 인기 있는 | 人気のある。＊「인기 있다(人気がある)＋는」 |
| 디자인 | デザイン。 |
| 예쁘고 | きれいで。＊「예쁘다(きれいだ)＋고」 |
| 색깔 | 色。 |
| 마음에 드네요 | 気に入ります。＊「마음에 들다(気に入る)＋네요」<br>cf. 마음에 들었어요(気に入りました)<br>　　→「마음에 들다(気に入る)＋었(過去)＋아/어/여요」 |
| 이걸로 | これに。＊「이것(これ)＋(으)로」 |

### 본문번역　本文翻訳

| | | |
|---|---|---|
| 店員 | ① | いらっしゃいませ。お探しのものはございますか。 |
| 金チス | ② | スカーフや手袋をちょっと見せてください。 |
| 店員 | ③ | プレゼントなさるつもりですか(プレゼントですか)。 |
| 金チス | ④ | はい、母にプレゼントしようと思います。 |
| 店員 | ⑤ | では、この赤いスカーフはいかがですか。 |
| 金チス | ⑥ | ちょっと試してみてもいいですか。 |
| 店員 | ⑦ | はい、どうぞ。この頃一番人気のある商品です。 |
| 金チス | ⑧ | デザインもきれいで、色も気に入りますね。 |
| | ⑨ | これにします。 |

 文法

① ~(으)려고 하다　　~(し)ようとする/(し)ようと思う

　これから何かを行おうとする主語の意図や予定、計画などを表す表現です。「~(し)ようとする」や「~(し)ようと思う」の意味です。パッチムのない場合は「~려고 하다」、パッチムがある場合は「~으려고 하다」が接続します。

|  | 려고 하다 |  | 으려고 하다 |
|---|---|---|---|

가다 行く ⇒ 내일 한국에 가려고 해요.　　明日韓国に行こうと思っています。
읽다 読む ⇒ 지금부터 소설을 읽으려고 해요.　今から小説を読もうとしています。


② ~아/어/여(해) 봐도 되다　　~(し)てみてもいい

　動詞に接続して、「~試してみてもいい」の意味として許可を表します。「~아/어/여 봐도 돼요」は、「~아/어/여 보다(~てみる)15課」と「~아/어/여도 되다(~てもいい)16課」が結びついた複合タイプの「~아/어/여 보다+아/어/여도 되다(てみてもいい)+어요」が縮約された形です。
＊16課参照。

| 陽母音語幹 | 아 봐도 되다 |
| 陰母音語幹 | 어 봐도 되다 |
| 하語幹 | 여 봐도 되다　⇒　해 봐도 되다 |

가다　　行く　　⇒　거기 가 봐도 돼요.　　　そこに行ってみてもいいです。
입다　　着る　　⇒　옷을 입어 봐도 돼요.　　服を着てみてもいいです。
확인하다 確認する ⇒　지금 확인해 봐도 돼요. 今確認してみてもいいです。

제19과 어머니께 선물하려고 해요.

**③ ㅎ변칙용언　　　　　ㅎ変則用言**

用言語幹が「ㅎ」パッチムで終わるほとんどの形容詞は「ㅎ変則用言」です。この「ㅎ変則用言」に母音で始まる活用語尾が続くと、語幹末の「ㅎ」が脱落します。特に「아/어」が続く場合、「ㅎ」が脱落した後「애」(語幹末が二重母音なら「얘」)に変化します。

|  | ~(ㅅ)ㅂ니다 | ~아/어/여요 | ~아/어/여서 | ~았/었/였어요 | ~(으)ㄴ |
|---|---|---|---|---|---|
| **하얗다** 白い | 하얗습니다 | 하얘요 | 하얘서 | 하얬어요 | 하얀 |
| **빨갛다** 赤い | 빨갛습니다 | 빨개요 | 빨개서 | 빨갰어요 | 빨간 |
| **어떻다** どうだ | 어떻습니다 | 어때요 | 어때서 | 어땠어요 | 어떤 |
| **그렇다** そうだ | 그렇습니다 | 그래요 | 그래서 | 그랬어요 | 그런 |
| **\*좋다** 良い | 좋습니다 | 좋아요 | 좋아서 | 좋았어요 | 좋은 |

어떻다 どうだ ⇒ 어제 파티 어땠어요?　　　昨日、パーティーはどうでしたか。

하얗다 白い ⇒ 하얀 원피스가 잘 어울려요. 白いワンピースがお似合いです。

▶「ㅎ変則用言」の例です。

| | | | |
|---|---|---|---|
| 빨갛다 赤い | 노랗다 黄色い | 파랗다 青い | 까맣다 黒い |
| 하얗다 白い | 그렇다 そうだ | 이렇다 こうだ | 어떻다 どうだ |

**参考 : 색깔(色)**

| | | | | | |
|---|---|---|---|---|---|
| 하얀색(흰색) | 白色 | 검은색(검정색) | 黒色 | 회색 | 灰色 |
| 파란색 | 青色 | 하늘색 | 空色/水色 | 보라색 | 紫色 |
| 빨간색 | 赤色 | 분홍색(핑크색) | ピンク色 | 주황색 | 朱色 |
| 녹색(초록색) | 緑色 | 연두색 | 薄緑色 | 노란색 | 黄色 |
| 금색 | 金色 | 은색 | 銀色 | 갈색 | 褐色 |
| 오렌지색 | オレンジ色 | 살색 | 肌色 | 베이지색 | ベージュ色 |

191

 練習

**1** 가 : 週末に何をするつもりですか。　나 : ＿＿＿＿＿＿ (し)ようと思っています。

> 보기
> 가: 주말에 뭐 할 거예요?
> 나: 쇼핑하려고 해요.

보기
쇼핑하다
ショッピングする

① 소설책을 읽다
小説を読む

② 사진을 찍다
写真を撮る

③ 집에서 쉬다
家で休む

④ 청소하고 빨래하다
掃除して洗濯する

⑤ 드라이브를 하다
ドライブをする

⑥ 한국 음식을 만들다
韓国料理を作る

⑦ 친구와 놀다
友達と遊ぶ

**2** 가 : 이 ＿＿＿＿＿、＿＿＿＿＿ (し)てみてもいいですか。
　　나 : はい、＿＿＿＿＿ (し)てみてください。

> 보기
> 가: 이 바지, 입어 봐도 돼요?
> 나: 네, 입어 보세요.

보기
바지
입다 着る

① 치마
입다 着る

② 구두
신다 履く

③ 모자
쓰다 かぶる

④ 안경
쓰다 かける

⑤ 스카프
하다 まく

⑥ 장갑
끼다 はめる

⑦ 반지
끼다 はめる

제19과 어머니께 선물하려고 해요.

## 3 _____ です。

> **보기**
>
> 빨갛습니다.
> 빨개요.

보기) 빨갛다 赤い

1) 노랗다 黄色い    2) 파랗다 青い    3) 까맣다 黒い

4) 하얗다 白い    5) 그렇다 そうだ    6) 이렇다 こうだ    7) 저렇다 あのようだ

## 4 가 : 何色が好きですか。　　나 : _____ (色)です。

> **보기**
>
> 가: 무슨 색을 좋아하세요?
> 나: 빨간색이요.

보기) 빨갛다
　　　赤い

1) 노랗다
　　黄色い

2) 파랗다
　　青い

3) 까맣다
　　黒い

4) 하얗다
　　白い

193

 話す

① ロールプレイ相手と話し合ってみましょう。

> 보기
> 점 원: 어서 오세요. 찾으시는 물건 있으세요?
> 손 님: 바지 좀 보여 주세요.
> 점 원: 무슨 색을 찾으세요?
> 손 님: 까만색이요. 입어 봐도 돼요?
> 점 원: 그럼요, 입어 보세요.
> 손 님: 디자인도 예쁘고 색깔도 마음에 드네요.
>         이걸로 주세요.

| 찾는 물건 | | 무슨 색을 찾으세요? | ~아/어/해 봐도 돼요? |
|---|---|---|---|
| | 바지 | 까만색 / 하얀색 | 입다 |
| | 안경 | 금색 / 은색 | 쓰다 |
| | 신발 | 검정색 / 흰색 | 신다 |
| | 모자 | 파란색 / 노란색 | 쓰다 |

② 相手と話し合って、以下の質問に韓国語で答えなさい。

1) 무슨 색을 좋아하세요?
2) 크리스마스 때 뭐 할 거예요? ([-(으)려고 하다]를 使って答えなさい。)
3) 방학 때 어디에 갈 거예요? ([-(으)려고 하다]를 使って答えなさい。)
4) 한국에 가려고 해요. 무엇을 준비할까요?
5) 영화를 보려고 해요. 어디에 가면 좋아요?

194

제19과 어머니께 선물하려고 해요.

  聞く

**1** 音声をよく聞いて、求めているものを見つけ、該当する記号を書きなさい。

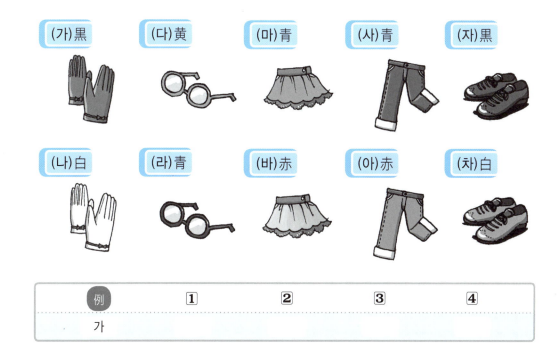

| 例 | ① | ② | ③ | ④ |
|---|---|---|---|---|
| 가 |   |   |   |   |

**2** スキットをよく聞いて、以下の文章について○か×で答えなさい。

1) 손님은 스웨터를 사려고 해요.　　　(　　)

2) 손님은 디자인과 색깔이 마음에 들어요.　(　　)

3) 손님은 빨간 색 옷을 샀어요.　　　(　　)

**3** 質問をよく聞いて、韓国語で答えを書きなさい。

1) _____

2) _____

3) _____

4) _____

5) _____

# 길 좀 가르쳐 주시겠어요?

道を教えていただけますか。

 포인트 표현　　　　　　　　　　ポイント表現

1. 서점에 가려고 하는데　　　　本屋に行こうとしていますが
　 길 좀 가르쳐 주시겠어요?　　道を教えていただけますか。
2. 약도를 그려 드릴게요.　　　　地図を描いてさし上げますね。
3. 오른쪽으로 가세요.　　　　　　右へ行ってください。

1. 길을 묻는 사람은 어디에 가려고 해요?
2. 서점은 네거리에서 어디로 가면 돼요?
3. 서점은 몇 층에 있어요?

## DIALOGUE

1. 저, 실례합니다.
2. 서점에 가려고 하는데 길 좀 가르쳐 주시겠어요?
3. 여기에서 똑바로 가면 네거리가 있어요.
4. 네거리요?
5. 네, 네거리에서 오른쪽으로 가세요.
6. 10미터쯤 가면 왼쪽에 스카이 빌딩이 있어요.
7. 거기 2층이에요.
8. 저, 죄송하지만 다시 한번 말씀해 주시겠어요?
9. 그럼, 약도를 그려 드릴게요.
10. 정말 감사합니다.

 발음　　発音

① 連音化

| 서점에 | [서저메] | 주시겠어요? | [주시게써요?] |
| 있어요 | [이써요] | 오른쪽으로 | [오른쪼그로] |
| 왼쪽에 | [왼쪼게] | 상품이에요 | [상푸미에요] |

② 鼻音化① : /ㄱ, ㄷ, ㅂ/ ⇒ [ㅇ, ㄴ, ㅁ]

| 실례합니다 | [실례함니다] | 감사합니다 | [감사함니다] |

③ 濃音化 : /ㄱ, ㄷ, ㅂ, ㅅ, ㅈ/ ⇒ [ㄲ, ㄸ, ㅃ, ㅆ, ㅉ]

| 똑바로 | [똑빠로] | 약도 | [약또] |
| 드릴게요 | [드릴께요] | | |

④ ㅎ音の変化 : ㅎ音弱化 : /ㅎ/ ⇒ [ㄴ, ㄹ, ㅁ, ㅇ]

| 죄송하지만 | [죄송아지만] | 말씀해 | [말쓰매] |

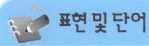

## 표현 및 단어 — 表現 & 単語

| | |
|---|---|
| 실례합니다 | 失礼します。すみません。ここでは、道を尋ねるときの掛け言葉として、「すみません」の意味で使われています。＊「실례하다(失礼する)＋(스)ㅂ니다」 |
| 서점 | 本屋。 |
| 가려고 하는데 | 行こうとしていますが。<br>＊「가다(行く)＋(으)려고 하다(しようとする)＋는데」 |
| 길 | 道。 |
| 가르쳐 주시겠어요? | 教えていただけますか。<br>＊「가르치다(教える)＋아/어/여 주시다(～てくださる)＋겠(意志)＋아/어/여요?」 |
| 똑바로 | まっすぐ。 |
| 네거리 | 交差点。 |
| 오른쪽 | 右。＊「오른(右)＋쪽(側)」⇔「왼(左)＋쪽(側)」 |
| 쯤 | くらい。数量や時間、場所等を表す名詞に付いて、その名詞の「大まかな程度」を表す。 |
| 죄송하지만 | 申し訳ないですが。＊「죄송하다(申し訳ない)＋지만(～けれども)」 |
| 다시 한번 | もう一度。＊「다시(再び)＋한번(一度)」 |
| 약도 | (簡単な)地図。略図。cf. 지도(地図) |
| 말씀 | お言葉。お話。「말(言葉/話)」の尊敬語である。 |
| 그려 드릴게요 | 描いて差し上げます。<br>＊「그리다(描く)＋아/어/여 드리다(～て差し上げる＋(으)ㄹ게요)」 |

### 본문번역 — 本文翻訳

| | | |
|---|---|---|
| 韓国の女の人 | ① | あの～、すみません。 |
| | ② | 本屋に行こうとしていますが、道を教えていただけますか。 |
| 上田 | ③ | ここからまっすぐ行ったら交差点があります。 |
| 韓国の女の人 | ④ | 交差点ですか。 |
| 上田 | ⑤ | はい、交差点で右へ行ってください。 |
| | ⑥ | 10メートルくらい行くと左にスカイビルがあります。 |
| | ⑦ | その2階です。 |
| 韓国の女の人 | ⑧ | あの～、申し訳ないですが、もう一度説明していただけますか。 |
| 上田 | ⑨ | それじゃ、地図を描いてさしあげますね。 |
| 韓国の女の人 | ⑩ | 本当にありがとうございます。 |

### 문법 文法

**①**

## ~(으)ㄴ데 / ~는데 　　~だが / ~ので

ある状況の背景や前提を説明する働きがあり、理由・説明などの意味で使われます。語幹の種類によって、動詞には「~는데」、形容詞には「~(으)ㄴ데」、「~있다/없다」には「~는데」など、それぞれ異なるタイプを使います。「~는데요/(으)ㄴ데요/는데요」の形で述語としても使われます。

| 動詞 | 는데 | | 形容詞 | 은데 |
|---|---|---|---|---|
| 形容詞 | ㄴ데 | | | |
| 있다/없다 | 는데 | | | |
| 名詞이다 | ㄴ데 | | | |
| 過去形 | 는데 | | | |

| 오다 | 来る | ⇒ | 비가 오는데 우산 있어요? | 雨が降っているのですが傘ありますか。 |
|---|---|---|---|---|
| 작다 | 小さい | ⇒ | 좀 작은데 바꿔 주세요. | ちょっと小さいので、交換して下さい。 |
| 없다 | ない | ⇒ | 사전이 없는데 빌려주시겠어요? | 辞書がないのですが、貸して頂けますか。 |
| 가깝다 | 近い | ⇒ | 가까운데 걸어 갑시다. | 近いので歩いて行きましょう。 |
| 학생이다 | 学生である | ⇒ | 학생인데 할인 됩니까? | 学生ですが割引できますか。 |
| 출발하다 | 出発する | ⇒ | 아까 출발했는데 도착했어요? | 先ほど出発したのですが、到着しましたか。 |
| 있다 | ある | ⇒ | 내일은 약속이 있는데요. | 明日は約束があるんですが。 |

＊先行節と後行節の対立的な二つの事柄を結びつける逆接「~だが」の意味もあります。

| 좋아하다 | 好きだ | ⇒ | 영어는 좋아하는데 수학은 싫어해요. | 英語は好きですが数学は嫌いです。 |
|---|---|---|---|---|

**②**

## ~(으)로 ②　　~へ（方向）

方向を表す表現です。＊手段や材料の「~(으)로」については12課参照。

| | 로 | | | 으로 |
|---|---|---|---|---|

동쪽 출구로 가세요. 　東出口へ行ってください。　　오른쪽으로 가세요. 　右へ行ってください。

200

## ③ ~아/어/여(해) 주다    ~(し)てあげる/~(し)てくれる(授受表現)

動詞に付いて行為の授受表現として、「~(し)てあげる/~(し)てくれる」の意味で使われます。物の授受の場合は「~(을)를 주다(~をくれる)」を使います。

**1**「~아/어/여 주시다(~てくださる)」は「~아/어/여 주다(~(し)てくれる)」の尊敬語で、話し手(話し手側)のために、目上の人が何かの行為をすることで、話し手が利益を得る場合に使います。

**2**「~아/어/여 드리다(~て差し上げる)」は「~아/어/여 주다(~(し)てあげる)」の謙譲語で、話し手が目上の人のために何らかの行為をする場合、自分を低める言い方です。

### 話し手が ⇒ 相手に(あげる/差し上げる)

| | | |
|---|---|---|
| ~(을)를 주다<br>~(을)를 드리다 | 친구에게 생일 선물을 주었어요.<br>할머니께 안경을 드렸어요. | 友達に誕生日プレゼントをあげました。<br>おばあさんにメガネを差し上げました。 |
| ~아/어/여 주다<br>~아/어/여 드리다 | 동생의 숙제를 도와주었어요.<br>어머니께 꽃을 보내 드렸습니다. | 弟の宿題を手伝ってあげました。<br>お母さんに花をお送りしました。 |
| 表現 | 사진을 찍어 드릴까요?<br>제가 안내해 드릴게요. | 写真をお撮りしましょうか。<br>私がご案内します。 |

### 相手が ⇒ 話し手に(くれる/下さる)

| | | |
|---|---|---|
| ~(을)를 주다<br>~(을)를 드리다 | 친구가 사진을 주었어요.<br>어머니께서 용돈을 주셨어요. | 友達が写真をくれました。<br>お母さんが小遣いをくださいました。 |
| ~아/어/여 주다<br>~아/어/여 주시다 | 친구가 사전을 빌려주었어요.<br>아버지께서 가방을 사 주셨어요. | 友達が辞書を貸してくれました。<br>お父さんがかばんを買ってくださいました。 |
| 表現 | 다시 한번 말씀해 주시겠어요?<br>여기에 주소를 써 주세요. | もう一度おっしゃっていただけますか。<br>ここに住所を書いてください。 |

 練習

▶ 下の絵を参考に[1-4]の表現を練習しましょう。

| 보기 사다 | 1 보내다 | 2 만들다 | 3 빌리다 |
|---|---|---|---|
| 가방 | 사진 | 케이크 | 카메라 |

**1** 가：友達に何をあげましたか。　　나：＿＿＿＿をあげました。
　　가：お母さんに何を差し上げましたか。　나：＿＿＿＿を差し上げました。

> 보기
> 가: 친구에게 무엇을 주었어요?
> 나: 가방을 주었어요.
> 가: 어머니께 무엇을 드렸어요?
> 나: 가방을 드렸어요.

나 ⇒ 친구/어머니　　보기) 가방　　1) 사진　　2) 케이크　　3) 카메라


**2** 가：友達に何を＿＿＿(し)てあげましたか。　나：＿＿を＿＿(し)てあげました。
　　가：お母さんに何を＿＿＿(し)て差し上げましたか。　나：＿＿を＿＿(し)て差し上げました。

> 보기
> 가: 친구에게 무엇을 사 주었어요?
> 나: 가방을 사 주었어요.
> 가: 어머니께 무엇을 사 드렸어요?
> 나: 가방을 사 드렸어요.

나 ⇒ 친구　　　보기) 사다　　1) 보내다　　2) 만들다　　3) 빌리다
나 ⇒ 어머니　　　　가방　　　사진　　　　케이크　　　카메라

202

第20課 길 좀 가르쳐 주시겠어요?

**3** 가 : 友達が何をくれましたか。　　　　나 : ＿＿＿＿＿＿＿ をくれました。

　　가 : お母さんが何をくださいましたか。　나 : ＿＿＿＿＿＿＿ をくださいました。

> 보기
>
> 가: 친구가 무엇을 주었어요?
> 나: 가방을 주었어요.
> 가: 어머니께서 무엇을 주셨어요?
> 나: 가방을 주셨어요.

친구/어머니 ⇒ 나　　　보기) 가방　　　1) 사진　　　2) 케이크　　　3) 카메라

**4** 가 : 友達が何を ＿＿＿＿＿＿ (し)てくれましたか。

　　나 : ＿＿＿＿ を ＿＿＿＿＿＿ (し)てくれました。

　　가 : お母さんが何を ＿＿＿＿＿ (し)てくださいましたか。

　　나 : ＿＿＿＿＿ を ＿＿＿＿＿ (し)てくださいました。

> 보기
>
> 가: 친구가 무엇을 사 주었어요?
> 나: 가방을 사 주었어요.
> 가: 어머니께서 무엇을 사 주셨어요?
> 나: 가방을 사 주셨어요.

친구　⇒ 나　　　보기) 사다　　　1) 보내다　　　2) 만들다　　　3) 빌리다
어머니 ⇒ 나　　　　　가방　　　　　사진　　　　　케이크　　　　　카메라

**5** 가 : あの、 ＿＿＿＿＿＿ へ行こうとしています。道を教えていただけますか。

　　나 : ここから ＿＿＿＿＿＿ へ行ってください。

> 보기
>
> 가: 저, 서울역에 가려고 해요.
> 　　길 좀 가르쳐 주시겠어요?
> 나: 여기에서 오른쪽으로 가세요.

보기) 서울역 ソウル駅　　1) 인사동 仁寺洞　　2) 명동 明洞　　3) 경복궁 景福宮

오른쪽 右　　　　　왼쪽 左　　　　똑바로 まっすぐ　　　쭉 まっすぐ

**6** _____(し)ていただけますか。나：はい、お_____(し)ます。

> 보기
> 가: 깎아 주시겠어요?
> 나: 네, 깎아 드릴게요.

보기) 깎다　　1) 문을 열다　　2) 빌리다　　3) 안내하다　　4) 가르치다
　　　値切る　　　　ドアを開ける　　　貸す　　　　案内する　　　教える

**7** 가：_____ですが_____(し)ていただけますか。
　　나：はい、お_____(し)ます。

> 보기
> 가: 좀 비싼데 깎아 주시겠어요?
> 나: 네, 깎아 드릴게요.

좀 비싸다
깎다
ちょっと高い
値切る

공기가 나쁘다
문을 열다
空気が悪い
ドアを開ける

사이즈가 작다
바꾸다
サイズが小さい
交換する

볼펜이 없다
빌리다
ボールペンがない
貸す

길을 찾다
안내하다
道を探す
案内する

팬이다
사인하다
ファンである
サインする

시끄럽다
문을 닫다
うるさい
ドアを閉める

주소를 잊어버렸다
다시 한번 가르치다
住所を忘れてしまった
もう一度教える

① 目的地を決めて、ロールプレイ相手に道を尋ねてみましょう。

> 보기
> 가: 저, 서점에 가려고 하는데요. 길 좀 가르쳐 주시겠어요?
> 나: 여기서 똑바로 가면 네거리가 있어요.
> 가: 네거리요?
> 나: 네, 네거리가 나오면 오른쪽으로 가세요.
>     10분쯤 걸어가면 오른쪽에 서점이 있어요.
> 가: 고맙습니다.

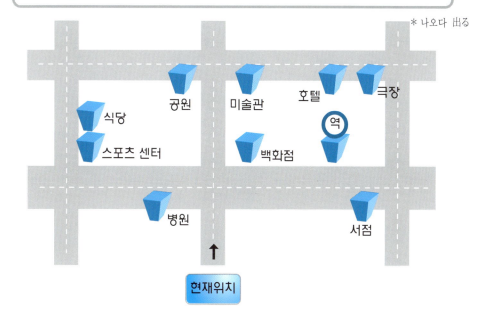

\* 나오다 出る

② 相手と話し合って、以下の質問に韓国語で答えなさい。

1) 화장실은 어디에 있어요?
2) 한국어 교실은 몇 층에 있어요?
3) 비가 오는데 우산 좀 빌려주시겠어요?
4) 카레를 만들고 싶은데 무엇을 준비하면 돼요?
5) 해외여행을 가려고 하는데 무엇을 준비하면 돼요?

205

## 듣기　聞く

① 音声をよく聞いて、目的地を見つけて該当する番号に ✓ しなさい。

▲ が現在位置

|  | 例 |  | 1 |  | 2 |  | 3 |  | 4 |  |
|---|---|---|---|---|---|---|---|---|---|---|
|  | ① | ✓② | ① | ② | ① | ② | ① | ② | ① | ② |
|  | ③ | ④ | ③ | ④ | ③ | ④ | ③ | ④ | ③ | ④ |
|  | ▲ |  | ▲ |  | ▲ |  | ▲ |  | ▲ |  |

② それぞれのスキットを聞いて、目的地を見つけて該当する番号を書きなさい。

1) 극장은 어디에 있어요?　　　　（　　）

2) 약국은 어디에 있어요?　　　　（　　）

3) 은행은 어디에 있어요?　　　　（　　）

③ 質問をよく聞いて、韓国語で答えを書きなさい。

1) _____

2) _____

3) _____

4) _____

5) _____

206

# 21 떡국은 숟가락으로 먹어야 해요.

トックはスプーンで食べなければなりません。

##  포인트 표현
ポイント表現

1. 떡국은 숟가락으로 먹지요?     トックはスプーンで食べるでしょう。
2. 숟가락으로 먹어야 해요.     スプーンで食べなければなりません。
3. 그릇을 들고 먹으면 안 돼요.     器を持って食べてはいけません。
4. 식사 예절이 다르군요.     食事作法が違うんですね。
5. 몰랐어요.     知りませんでした。

1. 우에다 씨는 무엇을 먹으려고 해요?
2. 떡국은 무엇으로 먹어야 해요?
3. 한국 음식은 들고 먹어도 돼요?

**DIALOGUE**

1. 새해 복 많이 받으세요.
2. 초대해 줘서 고마워요.
3. 자, 떡국이에요. 맛있게 드세요.
4. 잘 먹겠습니다. 떡국은 숟가락으로 먹지요?
5. 네, 숟가락으로 먹어야 해요.
6. 그릇을 손에 들고 먹어도 돼요?
7. 아뇨, 한국 음식은 들고 먹으면 안 돼요.
8. 몰랐어요. 식사 예절이 많이 다르군요.

발음　発音

① 連音化

| 받으세요 | [바드세요] | 떡국이에요 | [떡꾸기에요] |
| 맛있게 | [마싣께] | 떡국은 | [떡꾸근] |
| 숟가락으로 | [숟까라그로] | 먹어야 | [머거야] |
| 그릇을 | [그르슬] | 손에 | [소네] |
| 음식은 | [음시근] | 먹으면 | [머그면] |
| 몰랐어요 | [몰라써요] | 예절이 | [예저리] |

② 鼻音化 ① ：／ㄱ, ㄷ, ㅂ／ ⇒ ［ㅇ, ㄴ, ㅁ］

먹겠습니다　[먹껟씀니다]

③ 濃音化：／ㄱ, ㄷ, ㅂ, ㅅ, ㅈ／ ⇒ ［ㄲ, ㄸ, ㅃ, ㅆ, ㅉ］

| 맛있게 | [마싣께] | 먹겠습니다 | [먹껟씀니다] |
| 먹지요 | [먹찌요] | 숟가락 | [숟까락] |
| 식사 | [식싸] | 떡국은 | [떡꾸근] |

④ ㅎ音の変化：ㅎ音の脱落：／ㅎ／ ＋ 母音 ⇒ ［ㅎ］脱落

많이　[마니]

208

第21과 떡국은 숟가락으로 먹어야 해요.

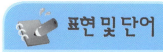 표현 및 단어　表現 & 単語

| | |
|---|---|
| 새해 복 많이 받으세요 | 明けましておめでとうございます。 |
| 새해 | 新年。＊「새(新しい)＋해(年)」＝ 신년(新年) ＊「신(新しい)＋년(年)」 |
| 복 | 福。幸せ。 |
| 받으세요 | お受け取りください。＊「받다(受け取る/もらう)＋(으)세요」 |
| 초대하다 | 招待する。 |
| 떡국 | トック。日本のお正月に食べる「おぞうに」の種類です。＊「떡(餅)＋국(スープ)」 |
| 맛있게 | 美味しく。＊「맛있다(美味しい)＋게」<br>＊～게：形容詞語幹に付き、後ろに続く動詞や存在詞を修飾する副詞的役割を果たします。 |
| 드세요 | お召し上がりください。<br>＊「드시다(召し上がる)＋아/어/여요」→「드시어요」→「드세요」 |
| 잘 먹겠습니다 | いただきます。＊「잘(よく)＋먹다(食べる)＋겠+(스)ㅂ니다」 |
| 숟가락 | スプーン。＊ 젓가락(箸) |
| 먹지요? | 食べるでしょう。食べますよね。＊「먹다(食べる)＋지요?」 |
| 들다 | 持つ。手に取る。 |
| 식사 예절 | 食事作法。＊「식사(食事)＋예절(作法)」 |
| 다르군요 | 異なりますね。違いますね。＊「다르다(異なる/違う)＋군요」 |
| 몰랐어요 | 知りませんでした。＊「모르다(知らない/分からない)＋았(過去)＋아/어/여요」 |

### 본문번역　本文翻訳

| | | |
|---|---|---|
| 金チス | ① | 明けましておめでとうございます。 |
| 上田 | ② | 招待していただきありがとうございます。 |
| 金チス | ③ | さあ、トックです。どうぞお召し上がりください。 |
| 上田 | ④ | いただきます。トックはスプーンで食べるでしょう。 |
| 金チス | ⑤ | はい、スプーンで食べなければなりません。 |
| 上田 | ⑥ | 器を手に持って食べてもいいですか。 |
| 金チス | ⑦ | いいえ、韓国の食べ物は手に持って食べてはいけません。 |
| 上田 | ⑧ | 知りませんでした。食事作法がけっこう違いますね。 |

209

## 📚 문법　文法

### ① ～아/어/여(해)야 하다　～(す)べきである/～(し)なければならない

用言の語幹に付き、その動作や状態が当然、必然、義務として「必ず～すべきである」ことを表します。同じ意味で「～아/어/여야 되다(～(す)べきである/～(し)なければならない)」もあります。

| 陽母音語幹 | 아야 하다 | | 陽母音語幹 | 아야 되다 |
|---|---|---|---|---|
| 陰母音語幹 | 어야 하다 | | 陰母音語幹 | 어야 되다 |
| 하語幹 | 여야 하다 ⇒ 해야 하다 | | 하語幹 | 여야 되다 ⇒ 해야 되다 |

빨리 가야 해요.　＝　빨리 가야 돼요.　　早く行かなければなりません。
좋은 책을 읽어야 해요.　＝　좋은 책을 읽어야 돼요.　　良い本を読むべきです。
지금 당장 출발해야 해요.　＝　지금 당장 출발해야 돼요.　　今すぐ出発しなければなりません。

### ② ～(으)면 안 되다　～(し)てはいけない

ある動作や状態が「望ましくない」もしくは「だめだ」ということを表す「不許可や禁止」の表現です。パッチムがない場合は「～면 안 되다」、パッチムがある場合は「～으면 안 되다」を使います。

[　　　] 면 안 되다　　　　[　　　] 으면 안 되다

운전하다　運転する　⇒　술을 마시고 운전하면 안 돼요.　酒を飲んで運転してはいけません。
찍다　　　撮る　　　⇒　여기서 사진을 찍으면 안 돼요.　ここで写真を撮ってはいけません。

### ③ ～지요?　～でしょう/ですね

相手がすでに知っているだろうと思われる知識や事実について、相手の同意を求めたり、確認を得ようとするときの表現です。話し言葉では縮約された形の「～죠?」もよく使われます。

[　　　] 지요?

춥다　寒い　⇒　좀 춥지요?　ちょっと寒いでしょう。
배우다　習う/学ぶ　⇒　어제 배웠지요?　昨日習ったでしょう。

210

## ④ ~군요  ～ですね（感嘆表現）

驚きや詠嘆、感動を表すときの会話表現で、「～ですね」の意味です。語幹が動詞か形容詞か、あるいは「名詞이다」かによって、接続の形が変わります。

| 動詞 | 는군요 |
| 形容詞 | 군요 |
| 名詞이다 | 군요 |
| 過去形 | 군요 |

| 가다 | 行く | ⇒ | 학교에 빨리 가는군요. | 学校に早く行くのですね。 |
| 잘하다 | 上手だ | ⇒ | 한국말을 잘하는군요. | 韓国語が上手ですね。 |
| 좋다 | 良い | ⇒ | 정말 좋군요. | 本当にいいですね。 |
| 일요일이다 | 日曜日である | ⇒ | 생일이 이번 일요일이군요. | 誕生日が今度の日曜日ですね。 |
| 찍었다 | 撮った | ⇒ | 사진을 많이 찍었군요. | 写真を沢山撮ったんですね。 |

## ⑤ 르변칙용언  르変則用言

語幹末の音節が「르」で終わるほとんどの用言が「르変則」用言です。この「르変則」用言の後に「～아/어/여요」「～아/어/여서」「～았/었/였-」などの母音が続くと、「ㅡ」が脱落し「ㄹ」が添加されます。基本的には「으変則」と似ていますが、「ㄹ」を付け加えることに気をつけましょう。

陽母音 + 르 + 아요 ⇒ 陽母音 + ㄹ라요
陰母音 + 르 + 어요 ⇒ 陰母音 + ㄹ러요

| 빠르다 早い | ⇒ | 빠르 + 아요 | ⇒ | 빨라요 早いです |
| 기르다 飼う | ⇒ | 기르 + 어요 | ⇒ | 길러요 飼います |

신칸센은 아주 빨라요. = 신칸센은 아주 빠릅니다. 新幹線はとても早いです。
집에서 개를 길러요. = 집에서 개를 기릅니다. 家で犬を飼っています。

▶以下の用言が「르変則」用言です。

| 모르다 | 知らない | 부르다 | 呼ぶ | 다르다 | 異なる |
| 고르다 | 選ぶ | 흐르다 | 流れる | 자르다 | 切る |

 연 습　　練習

1  가 : すごく痛いです。どうすればよいでしょうか。
　　나 : ＿＿＿＿＿＿＿＿(し)なければなりません。

> 보기
> 가: 많이 아파요. 어떻게 하면 좋을까요?
> 나: 병원에 가야 해요.

보기) 병원에 가다　　1) 약을 먹다　　2) 주사를 맞다　　3) 집에서 쉬다
　　　病院へ行く　　　　薬を飲む　　　　注射を打ってもらう　　家で休む

2  授業中に ＿＿＿＿＿＿＿＿(し)てはいけません。

> 보기
> 수업 중에 친구랑 이야기하면 안 돼요.

보기) 친구랑 이야기하다　　1) 커피를 마시다　　2) 전화를 하다
　　　友達と話す　　　　　　　コーヒーを飲む　　　電話をする

　　3) 졸다　　　　　　4) 떠들다　　　　　　5) 음악을 듣다
　　　居眠りする　　　　お喋りする/騒ぐ　　　　音楽を聴く

3  가 : ＿＿＿＿＿＿＿＿(し)てもいいですか。
　　나 : いいえ、＿＿＿＿＿＿(し)てはいけません。＿＿＿＿＿＿(し)なければなりません。

> 보기
> 가 : 그릇을 들고 먹어도 돼요?
> 나 : 아뇨, 그릇을 들고 먹으면 안 돼요.
> 　　그릇을 놓고 먹어야 해요.

보기) 그릇을 들고 먹다 / 그릇을 놓고 먹다
　　　器を持って食べる / 器を置いて食べる

　1) 어른보다 먼저 먹다 / 나중에 먹다
　　　目上の人より先に食べる / 後で食べる

　2) 늦게 들어가다 / 일찍 들어가다
　　　遅く帰る / 早く帰る

　3) 고등학생이 술을 마시다 / 성인이 되어서 마시다
　　　高校生がお酒を飲む / 成人になって飲む

212

제21과 떡국은 숟가락으로 먹어야 해요.

4 ＿＿＿＿＿＿＿＿＿(する)ですね?    나 : はい、＿＿＿＿＿＿＿＿＿です。/ます。

> 보기
>
> 가: 김치가 맵지요?
> 나: 네, 매워요.

보기) 김치가 맵다.
　　　キムチが辛い。

1) 요즘 날씨가 춥다.
　　この頃お天気が寒い。

2) 생일날 아침에 미역국을 먹다.
　　誕生日の朝、わかめスープを飲む。

3) 설날에는 어른들께 세배를 하다.
　　お正月には目上の人にセーベー(ご挨拶)をする。

4) 한국의 수도는 서울이다.
　　韓国の首都はソウルである。

5) 이것은 지난주에 배웠다.
　　これは先週習った。


5 가 : ＿＿＿＿＿＿＿＿＿です。/ます。
　　나 : ＿＿＿＿＿＿＿＿＿ですか。本当＿＿＿＿＿＿＿＿＿ですね。/ますね。

> 보기
>
> 가: 저는 형제가 10명이에요.    ＊형제 : 兄弟
> 나: 10명이요? 정말 많군요!

보기) 형제가 10명이에요.
　　　많다

1) 이 가방은 5,000원이에요.
　　싸다

2) 서울까지 비행기로 1시간 걸려요.
　　가깝다

3) 테니스를 매일 3시간씩 쳐요.
　　연습을 열심히 하다

4) 맥주를 10병 마실 수 있어요.
　　술을 잘 마시다

5) 매일 저녁 8시에 자요.
　　일찍 자다


6 ＿＿＿＿＿＿＿＿＿(し)ます。

> 보기
>
> 모릅니다.
> 몰라요.

보기) 모르다
　　　分からない/知らない

1) 다르다
　　異なる

2) 빠르다
　　速い

3) 부르다
　　呼ぶ/歌う

4) 기르다
　　飼う

5) 고르다
　　選ぶ

213

　話す

① 日本のお正月と韓国のお正月について、比較しながら話し合ってみましょう。

② 相手と話し合って、以下の質問に韓国語で答えなさい。

1) 즐거운 대학 생활(生活)을 보내려면 어떻게 해야 해요?　＊즐겁다 : 楽しい
2) 건강한 생활을 하려면 어떻게 해야 돼요?　＊건강하다 : 健康だ
3) 부자(金持ち)가 되려면 어떻게 해야 해요?
4) 교실에서 음식을 먹어도 돼요?
5) 어른(目上の人) 앞에서 담배를 피워도 돼요?

 聞く

**1** 音声をよく聞いて、内容の真偽について○か×で答えなさい。

| | | |
|---|---|---|
| 例 | 전화로 예약해도 돼요. | ○ |
| 1 | 비자를 받아야 해요. | |
| 2 | 카드로 계산해도 돼요. | |
| 3 | 나이(歳)를 물어봐도 돼요.　＊묻다：尋ねる/問う | |
| 4 | 자도 돼요. | |

**2** スキットの内容と一致する内容に✓しなさい。

| | | |
|---|---|---|
| 例 | 자동차 핸들(ハンドル)이 오른쪽에 있어요. | ✓ |
| 1 | 지하철에서는 바닥에 앉지 마세요.　＊바닥에 앉다：床に座る | |
| 2 | 지하철에서는 떠들지 마세요.　＊떠들다：騒ぐ/お喋りする | |
| 3 | 식사할 때 그릇을 들고 먹어요. | |
| 4 | 라면을 먹을 때는 소리를 내도 돼요.　＊소리를 내다：音をたてる | |

**3** 質問をよく聞いて、韓国語で答えを書きなさい。

1) 
2) 
3) 
4) 
5) 

215

# 22 한국 문화를 체험하고 싶은데요.

韓国の文化を体験したいのですが。

 **포인트 표현**　　　　　　　　　　　　　　　　　　　ポイント表現

1. 봄 방학 때 갈 수 있을까요?　　　春休みに行けるでしょうか。
2. 지금 신청하면 갈 수 있을 거예요.　　今申請したら行けると思います。
3. 한국의 가정을 체험하면서　　　韓国の家庭を体験しながら
   문화를 배울 수 있으니까요.　　文化を学べますから。

1. 우에다 씨는 무엇을 하고 싶어요?
2. 홈스테이를 하려면 어떻게 해야 해요?
3. 우에다 씨는 봄 방학 때 홈스테이를 할 수 있을까요?

217

**DIALOGUE**

1. 선생님, 한국 문화를 체험하고 싶은데요.
2. 어떻게 하면 될까요?
3. 한국에 가서 홈스테이를 해 보세요.
4. 한국의 가정을 체험하면서 문화를 배울 수 있으니까요.
5. 홈스테이를 하려면 어디에 신청해야 해요?
6. 국제교류과에 신청하면 돼요.
7. 그럼, 이번 봄 방학 때 갈 수 있을까요?
8. 지금 신청하면 아마 갈 수 있을 거예요.

## 발음　発音

① 連音化

| 한국에 | [한구게] | 싶은데요 | [시픈데요] |
| 있을까요? | [이쓸까요?] | 있을 거예요 | [이쓸 꺼예요] |

② 濃音化 : /ㄱ, ㄷ, ㅂ, ㅅ, ㅈ/ ⇒ [ㄲ, ㄸ, ㅃ, ㅆ, ㅉ]

| 배울 수 있으니까요 | [배울 쑤 이쓰니까요] | 국제 | [국쩨] |
| 갈 수 있을까요? | [갈 쑤 이쓸까요?] | 있을 거예요 | [이쓸 꺼예요] |

③ 激音化 : /ㅎ/ + /ㄱ, ㄷ, ㅂ, ㅈ/ ⇒ [ㅋ, ㅌ, ㅍ, ㅊ]

| 어떻게 | [어떠케] |

④ ㅎ音の変化 : ㅎ音弱化 : /ㅎ/ ⇒ [ㄴ, ㄹ, ㅁ, ㅇ]

| 문화 | [무놔] | 체험하고 | [체허마고] |
| 체험하면서 | [체허마면서] | 신청해야 | [신청애야] |
| 신청하면 | [신청아면] | 봄 방학 | [봄 방악] |

제22과 한국 문화를 체험하고 싶은데요.

 **표현 및 단어**　表現 & 単語

| | |
|---|---|
| 문화 | 文化。 |
| 체험 | 体験。 |
| 홈스테이 | ホームステイ。 |
| 가정 | 家庭。 |
| 체험하면서 | 体験しながら。＊「체험하다(体験する)＋(으)면서」 |
| 배울 수 있으니까요 | 学べますから。＊「배우다(学ぶ/習う)＋(으)ㄹ 수 있다＋(으)니까요」 |
| 하려면 | ～しようとしたら。＊「하다(する)＋(으)려고 하다(意図/予定)＋(으)면」 |
| 신청해야 해요? | 申請すべきですか。＊「신청하다(申請する)＋아/어/여야 하다(しなければならない)＋아/어/여요」 |
| 국제교류과 | 国際交流課。 |
| 갈 수 있을까요? | 行けるでしょうか。＊「가다(行く)＋(으)ㄹ 수 있다(可能)＋(으)ㄹ까요?」 |
| 이번 | 今度。 |
| 지금 | 今。 |
| 아마 | 多分。 |
| 갈 수 있을 거예요 | 行けると思います。＊「가다(行く)＋(으)ㄹ 수 있다＋(으)ㄹ 거예요」 |

**본문번역**　本文翻訳

| | |
|---|---|
| 上田 | ① 先生、韓国の文化を体験したいのですが。 |
| | ② どうすればいいでしょうか。 |
| 李スミン | ③ 韓国に行って、ホームステイをしてみてください。 |
| | ④ 韓国の家庭を体験しながら文化を学べますから。 |
| 上田 | ⑤ ホームステイをしようとしたら、どこに申請すべきですか。 |
| 李スミン | ⑥ 国際交流課に申請すればいいです。 |
| 上田 | ⑦ それじゃ、この春休みに行けるでしょうか。 |
| 李スミン | ⑧ 今申請したら多分行けると思いますよ。 |

219

## 문법　文法

### ① ~(으)면서　　　~(し)ながら

用言の語幹に付いて、二つの動作や状態が同時並行的に起こることを表します。この場合、先行節と後行節の主語は同じです。パッチムがない場合は「～면서」、パッチムがある場合は「～으면서」が接続します。「ㄷ変則用言」に注意しましょう。

| | 면서 | | | 으면서 |
|---|---|---|---|---|

마시다　飲む　⇒　커피를 마시면서 이야기 합시다.　コーヒーを飲みながら話しましょう。
읽다　　読む　⇒　신문을 읽으면서 식사해요.　　新聞を読みながら食事します。
*듣다　　聴く　⇒　음악을 들으면서 공부해요.　　音楽を聴きながら勉強します。

### ② ~(으)ㄹ까요? ②　　　~でしょうか(推量)

用言の語幹に付き、3人称に対する話者の推測・推量を表す時に使われ、話者の疑念を聞き手に問いかける表現です。パッチムがない場合は「～ㄹ까요?」、パッチムがある場合は「～을까요?」が接続します。

| | ㄹ까요? | | | 을까요? |
|---|---|---|---|---|

오다　来る　　　⇒　파티에 손님이 많이 올까요?　パーティーにお客さんが沢山来るでしょうか。
없다　ない　　　⇒　주말이라서 자리가 없을까요?　週末だから席がないでしょうか。
춥다　寒い　　　⇒　내일도 추울까요?　　　　　　明日も寒いでしょうか。
도착하다　到着する　⇒　지금쯤은 도착했을까요?　　今頃は着いたでしょうか。

＊ 話者の行為や考えに対する相手の意見を尋ねる時も使われます。

닫다　閉める　⇒　추운데 창문을 닫을까요?　　　寒いので窓を閉めましょうか。

＊ 勧誘の「～ (으)ㄹ까요?(～しましょうか)」については13課参照。

第22과 한국 문화를 체험하고 싶은데요.

## ③ ~(으)ㄹ 거예요 ②　　　~(す)るでしょう(推量)

　話し手が何らかの根拠に基づいて推測・推量する場合の表現で、「～するでしょう」または「～はずです」などの意味として使われます。パッチムがない場合は「～ㄹ 거예요」、パッチムがある場合は「～을 거예요」が接続します。

| | ㄹ 거예요. | | 을 거예요. |
|---|---|---|---|

오다　来る　　⇒　약속했으니까 반드시 올 거예요.　約束したからきっと来るはずです。

있다　いる　　⇒　휴일이니까 집에 있을 거예요.　休日だから家にいると思いますよ。

춥다　寒い　　⇒　영하니까 추울 거예요.　氷点下だから寒いと思います。

도착하다 到着する ⇒　한 시니까 벌써 도착했을 거예요.　1時だからもう着いたでしょうね。

＊ 意志の「～(으)ㄹ 거예요(～するつもりです)」については16課参照。

221

 練習

1 ＿＿＿＿でしょうか。 나：はい、＿＿＿＿でしょう。／と思います。

> 보기
> 가 : 우리 팀이 이길까요?
> 나 : 네, 이길 거예요.

보기) 우리 팀이 이기다.　　　　　　我がチームが勝つ。

1) 밖은 춥다.　　　　　　　　　　外は寒い。

2) 식당에 사람이 많다.　　　　　　食堂に人が多い。

3) 주말이니까 자리가 없다.　　　　週末だから席がない。

4) 오후 4시인데 은행이 문을 닫았다.　午後4時ですが銀行が閉まっている。

5) 아침 9시인데 병원이 문을 열었다.　朝9時ですが病院が開いている。


2 ＿＿＿＿(し)ながら＿＿＿＿(し)ないでください。

> 보기
> 운전하면서 전화하지 마세요.
> 전화하면서 운전하지 마세요.

보기) 운전하다 / 전화하다　　　　1) 운전하다 / 졸다

2) 먹다 / 말하다　　　　　　　　3) 먹다 / 텔레비전을 보다

4) 걷다 / 음식을 먹다　　　　　　5) 걷다 / 담배를 피우다

222

제22과 한국 문화를 체험하고 싶은데요.

 말하기 — 話す

1) 韓国で何を体験してみたいですか。地図を見ながら話し合いましょう。

> 보기  가: 비빔밥을 먹고 싶은데 어디에 가면 좋을까요?
> 나: 전주에 가 보세요.

| 비빔밥을 먹다 | ⇒ | 전주 | |
| --- | --- | --- | --- |
| 도자기 축제에 가다 | ⇒ | 이천 | *도자기 축제 : 陶磁器祭り |
| 옛날 집을 보다 | ⇒ | 안동 | *옛날 집 : 古民家 |
| 영화제를 보러 가다 | ⇒ | 부산 | *영화제 : 映画祭 |
| 세계 문화유산을 보다 | ⇒ | 경주/서울 | *세계 문화유산 : 世界文化遺産 |

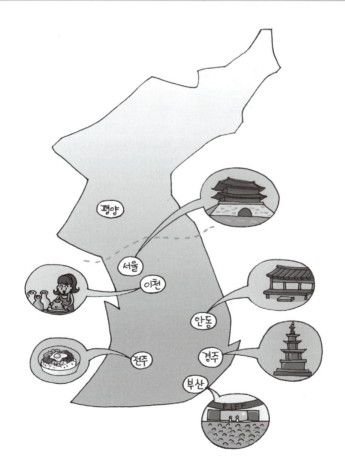

223

## 듣기　聞く

**97** **①** 音声をよく聞いて、会話の内容と一致するところに✓しなさい。

| | | | | | | |
|---|---|---|---|---|---|---|
| 例 | | 한국 김치 | 좋아하다 | ( ✓ ) | 안 좋아하다 | ( ) |
| 1 | | 비행기표 | 있다 | ( ) | 없다 | ( ) |
| 2 | SEOUL | 서울 | 춥다 | ( ) | 안 춥다 | ( ) |
| 3 | | 도서관 | 사람이 많다 | ( ) | 사람이 없다 | ( ) |
| 4 | | 편지 | 2~3일 | ( ) | 4~5일 | ( ) |

**98** **②** スキットをよく聞いて、以下の文章について○か×で答えなさい。

動画で見る

1) 우에다 씨는 한국에 유학가고 싶어해요.　( 　 )

2) 교환 유학생은 3학년부터 신청할 수 있어요. ( 　 )　＊교환 유학생　交換留学生

3) 교환 유학생이 되려면 시험을 봐야 해요.　( 　 )　＊시험을 보다　試験を受ける

**99** **③** 質問をよく聞いて、韓国語で答えを書きなさい。

1) ................................................................................................................

2) ................................................................................................................

3) ................................................................................................................

4) ................................................................................................................

5) ................................................................................................................

# 付録

듣기 聞く パートの台本

第5課から第22課までの設問とスキットを収録

## 5課　저는 우에다입니다.

1. 音声をよく聞いて、該当する番号を書きなさい。

例) 안녕하세요? 저는 노구치입니다.　　　의사입니다.
1) 안녕하세요? 저는 존 레논입니다.　　　가수입니다.
2) 안녕하세요? 저는 링컨입니다.　　　　대통령입니다.
3) 안녕하세요? 저는 샤넬입니다.　　　　디자이너입니다.
4) 안녕하세요? 저는 타이거 우즈입니다.　골프 선수입니다.

2. スキットをよく聞いて、以下の文章について○か×で答えなさい。

스티븐 : 안녕하세요? 저는 스티븐입니다. 이름이 무엇입니까?
마리코 : 저는 마리코입니다.
스티븐 : 마리코 씨는 한국 사람입니까?
마리코 : 아뇨, 전 한국 사람이 아닙니다. 일본 사람입니다.
　　　　스티븐 씨는 학생입니까?
스티븐 : 아뇨, 회사원입니다. 마리코 씨는 학생입니까?
마리코 : 네, 저는 학생입니다.

3. 質問をよく聞いて、韓国語で答えを書きなさい。

1) 이름이 무엇입니까?
2) 학생입니까?
3) 선생님입니까?
4) 일본 사람입니까?
5) 선생님은 한국 사람입니까?

## 6課　지수 씨, 공부합니까?

1. 音声をよく聞いて、該当する番号を書きなさい。

例) 남자 : 무엇을 합니까?
　　여자 : 커피를 마십니다.
1) 여자 : 무엇을 합니까?
　　남자 : 책을 읽습니다.
2) 남자 : 무엇을 합니까?
　　여자 : 쇼핑을 합니다.
3) 여자 : 무엇을 합니까?
　　남자 : 음악을 듣습니다.
4) 여자 : 무엇을 합니까?
　　남자 : 텔레비전을 봅니다.

付録

2. スキットをよく聞いて、以下の文章について○か×で答えなさい。

> 김지수 : 우에다 씨, 무엇을 합니까?
> 우에다 : 한국어를 공부합니다.
> 김지수 : 매일 한국어를 공부합니까?
> 우에다 : 아니요, 매일 공부하지 않습니다.
> 김지수 : 한국어는 어떻습니까?
> 우에다 : 좀 어렵습니다.

3. 質問をよく聞いて、韓国語で答えを書きなさい。

1) 한국어를 공부합니까?
2) 한국어는 재미있습니까?
3) 아르바이트를 합니까?
4) 뉴스를 봅니까?
5) 김치는 맛있습니까?

7課 학교에 기숙사가 있습니까?

1. 音声をよく聞いて、以下の絵に該当する会話の番号を書きなさい。

例) 남자 : 이것은 무엇입니까?
　　여자 : 지갑입니다.
1) 남자 : 이분은 누구입니까?
　　여자 : 우리 어머니입니다.
2) 남자 : 저것은 무엇입니까?
　　여자 : 시계입니다.
3) 여자 : 이것은 무엇입니까?
　　남자 : 연필입니다.
4) 여자 : 이분은 누구입니까?
　　남자 : 우리 아버지입니다.

2. スキットをよく聞いて、以下の文章について○か×で答えなさい。

> 우에다 : 교실에 누가 있습니까?
> 김지수 : 선생님이 계십니다.
> 우에다 : 저분이 선생님입니까?
> 김지수 : 네, 그렇습니다.
> 우에다 : 교실 안에는 무엇이 있습니까?
> 김지수 : 에어컨과 텔레비전이 있습니다.

227

3. 質問をよく聞いて、韓国語で答えを書きなさい。

   1) 연필이 있습니까?
   2) 동생이 있습니까?
   3) 책상 위에 무엇이 있습니까?
   4) 교실 안에 무엇이 있습니까?
   5) 방 안에 무엇이 있습니까?

## 8課　오후에 뭐 해요?

1. 音声をよく聞いて、該当する番号を書きなさい。

   例) 여자 : 뭐 해요?
   　　남자 : 공부해요.

   1) 여자 : 지금 뭐 해요?
   　　남자 : 텔레비전을 봐요.

   2) 여자 : 지금 뭐 해요?
   　　남자 : 책을 읽어요.

   3) 여자 : 오후에 뭐 해요?
   　　남자 : 운동해요.

   4) 여자 : 주말에 뭐 해요?
   　　남자 : 집에서 자요.

2. スキットをよく聞いて、以下の文章について○か×で答えなさい。

   > 김지수 : 오후에 뭐 해요?
   > 우에다 : 아르바이트를 해요.
   > 김지수 : 어디에서 아르바이트해요?
   > 우에다 : 편의점에서 아르바이트해요.
   > 김지수 : 주말에도 아르바이트해요?
   > 우에다 : 아뇨, 주말에는 안 해요. 집에서 쉬어요.

3. 質問をよく聞いて、韓国語で答えを書きなさい。

   1) 오늘 한국어를 공부해요?
   2) 오늘 친구를 만나요?
   3) 오늘 약속이 있어요?
   4) 주말에 영화를 봐요?
   5) 어디에서 책을 읽어요?

付録

**9課  토요일에 뭐 했어요?**

1. 音声をよく聞いて、該当する曜日と事柄を線で結びなさい。

  例) 여자 : 월요일에 뭐 했어요?
     남자 : 도서관에 가서 책을 읽었어요.

  1) 남자 : 화요일에 뭐 했어요?
     여자 : 극장에 가서 영화를 봤어요.

  2) 남자 : 목요일에 뭐 했어요?
     여자 : 학교에 가서 공부를 했어요.

  3) 여자 : 토요일에 뭐 했어요?
     남자 : 스포츠 센터에 가서 운동을 했어요.

  4) 여자 : 일요일에 뭐 했어요?
     남자 : 집에서 잤어요.

2. スキットをよく聞いて、以下の文章について○か×で答えなさい。

  김지수 : 주말에 뭐 했어요?
  우에다 : 친구하고 극장에 가서 영화를 봤어요.
  김지수 : 무슨 영화를 봤어요?
  우에다 : '마라톤'을 봤어요.
  김지수 : 어땠어요?
  우에다 : 아주 재미있었어요.

3. 質問をよく聞いて、韓国語で答えを書きなさい。

  1) 어제 한국어를 공부했어요?
  2) 주말에 쇼핑했어요?
  3) 어제 집에 가서 숙제했어요?
  4) 아침에 일어나서 뭐 했어요?
  5) 학교에 와서 뭐 했어요?

**10課  이 바지 얼마예요?**

1. 音声をよく聞いて、該当するものの値段を数字で書きなさい。

  例) 남자 : 이 책 얼마예요?
     여자 : 10,000원이에요.

  1) 남자 : 이 전자사전 얼마예요?
     여자 : 89,000원이에요.

229

2) 남자 : 오렌지 주스 얼마예요?
여자 : 4,500원이에요.

3) 여자 : 이 구두 얼마예요?
남자 : 37,000원이에요.

4) 여자 : 이 바지 얼마예요?
남자 : 29,000원이에요.

2. スキットをよく聞いて、以下の文章について○か×で答えなさい。

> 우에다 : 아저씨, 이 샴푸하고 린스 얼마예요?
> 아저씨 : 2,000원입니다.
> 우에다 : 치약하고 칫솔도 있어요?
> 아저씨 : 칫솔은 있어요. 그렇지만 치약은 없어요.
> 우에다 : 칫솔은 얼마예요?
> 아저씨 : 2,500원이에요.
> 우에다 : 그럼, 샴푸, 린스하고 칫솔 주세요.
> 아저씨 : 모두 4,500원입니다. 감사합니다.
> 우에다 : 수고하세요.

3. 質問をよく聞いて、韓国語で答えを書きなさい。

1) 한국어 교과서는 얼마예요?
2) 전화번호가 몇 번이에요?
3) 오늘 며칠이에요?
4) 몇 학년이에요?
5) 오늘 몇 과를 공부했어요?

**11課　아르바이트는 몇 시부터예요?** ·······························

1. 音声をよく聞いて、時刻を数字で書きなさい。

例) 여자 : 지금 몇 시예요?
남자 : 1시 30분이에요.

1) 여자 : 한국어 수업은 몇 시부터예요?
남자 : 2시 30분부터예요.

2) 여자 : 점심시간은 몇 시부터예요?
남자 : 12시부터예요.

3) 남자 : 약속이 몇 시예요?
여자 : 11시 반이에요.

230

付 錄

　　4) 남자 : 서클 활동은 몇 시까지예요?
　　　 여자 : 5시부터 7시까지예요.

2. スキットをよく聞いて、以下の文章について○か×で答えなさい。

> 병원 직원 : 네, 사쿠라 치과입니다.
> 김지수 　　 : 저, 실례합니다. 오늘 몇 시까지 해요?
> 병원 직원 : 오전 10시부터 오후 6시까지입니다.
> 김지수 　　 : 점심시간에도 진료해요?
> 병원 직원 : 아뇨, 점심시간은 안 합니다.
> 　　　　　　 12시 30분부터 2시까지 점심시간입니다.
> 김지수 　　 : 그래요? 고맙습니다.
> 병원 직원 : 예약하시겠습니까?
> 김지수 　　 : 네, 3시에 부탁합니다.

3. 質問をよく聞いて、韓国語で答えを書きなさい。
　　1) 지금 몇 시예요?
　　2) 몇 시에 자요?
　　3) 한국어 수업은 몇 시부터예요?
　　4) 몇 시에 점심을 먹어요?
　　5) 오늘 몇 시에 일어났어요?

## 12課　사진 보여 주세요.

1. 音声をよく聞いて、地名と乗り物を線で結び、所要時間を書きなさい。
　　例) 남자: 오사카까지 몇 시간 걸려요?
　　　 여자: 배로 7시간 걸려요.

　　1) 남자: 센다이까지 몇 시간 걸려요?
　　　 여자: 비행기로 2시간 걸려요.

　　2) 남자: 교토까지 몇 시간 걸려요?
　　　 여자: 신칸센으로 3시간 걸려요.

　　3) 여자: 미야자키까지 몇 시간 걸려요?
　　　 남자: 자동차로 5시간 걸려요.

　　4) 여자: 오이타까지 몇 시간 걸려요?
　　　 남자: 버스로 4시간 걸려요.

231

2. スキットをよく聞いて、以下の文章について○か×で答えなさい。

> 여자: 방학 때 뭐 했어요?
> 남자: 서울에 갔다 왔어요.
> 여자: 며칠 동안이요?
> 남자: 3박 4일이요.
> 여자: 어땠어요?
> 남자: 재미있었어요.
> 　　　음식이 맛있어서 많이 먹었어요.
> 　　　그래서 배가 아팠어요.

3. 質問をよく聞いて、韓国語で答えを書きなさい。

1) 방학 때 뭐 했어요?

2) 학교에 뭐 타고 와요?

3) 집이 학교에서 가까워요?

4) 집에서 학교까지 몇 시간 걸려요?

5) 도쿄에서 오사카까지 비행기로 몇 시간 걸려요?

## 13課　김치찌개를 먹고 싶어요.

1. 音声をよく聞いて、該当するものの□にチェック✔を入れなさい。

例) 남자 : 무슨 음악을 좋아해요?
　　여자 : 클래식이나 재즈를 좋아해요.

1) 남자 : 무슨 과일을 좋아해요?
　　여자 : 사과나 바나나를 좋아해요.

2) 남자 : 무슨 음식을 좋아해요?
　　여자 : 피자나 스파게티를 좋아해요.

3) 여자 : 무슨 술을 좋아해요?
　　남자 : 맥주나 소주를 좋아해요.

4) 여자 : 무슨 운동을 좋아해요?
　　남자 : 테니스나 골프를 좋아해요.

付録

2. スキットをよく聞いて、以下の文章について○か×で答えなさい。

> 우에다 : 지수 씨, 영화 좋아해요?
> 김지수 : 네, 좋아해요.
> 우에다 : 그럼, 오늘 같이 영화 볼까요?
> 김지수 : 미안해요. 보고 싶지만 오늘은 약속이 있어요.
> 우에다 : 그럼, 내일은 어때요?
> 김지수 : 내일은 괜찮아요.
> 우에다 : 그럼, 내일 7시, 극장 앞에서 만납시다.
> 김지수 : 좋아요. 내일 봐요.

3. 質問をよく聞いて、韓国語で答えを書きなさい。

1) 음악을 좋아해요?

2) 영화를 좋아해요?

3) 지금 뭐 하고 싶어요?

4) 영화를 보러 갈까요?

5) 오늘 한국 음식을 먹으러 갈까요?

## 14課  김치찌개가 생각보다 맵네요.

1. 音声をよく聞いて、注文するものを見つけ、その数を書きなさい。

例) 남자 : 뭘 드릴까요?
　　여자 : 여기 비빔밥 하나하고 라면 두 그릇 주세요.

1) 남자 : 주문하시겠습니까?
　　여자 : 네. 여기 갈비 일 인분하고 삼겹살 삼 인분 주세요.

2) 남자 : 주문하시겠어요?
　　여자 : 네. 여기 커피 한 잔하고 오렌지 주스 두 잔 주세요.

3) 여자 : 뭘 드릴까요?
　　남자 : 여기 와인 한 병하고 소주 두 병 주세요.

4) 여자 : 주문하시겠습니까?
　　남자 : 네. 스파게티 둘하고 카레라이스 하나 주세요.

233

2. スキットをよく聞いて、以下の文章について○か×で答えなさい。

> 점원 : 다음 손님, 주문하시겠습니까?
> 손님 : 여기 치즈버거 세트 하나하고 불고기버거 하나 주세요.
> 점원 : 치즈버거 세트 하나, 불고기버거 하나요?
> 손님 : 네.
> 점원 : 여기에서 드시겠습니까?
> 손님 : 아니요, 포장해 주세요.
> 점원 : 모두 6,500원입니다.

3. 質問をよく聞いて、韓国語で答えを書きなさい。

1) 한국어를 어디에서 배우세요?
2) 텔레비전을 몇 시간 보세요?
3) 오늘 한국어 수업이 있으세요?
4) 지금, 추우세요?
5) 아버지께서는 회사원이세요?

## 15課  약은 드셨어요?

1. 音声をよく聞いて、具合の悪いところを見つけ、該当する番号を書きなさい。

例) 남자 : 어디가 아프세요?
　　여자 : 눈이 많이 아파요.

1) 여자 : 어떻게 오셨어요?
　　남자 : 배가 아파서 왔어요.

2) 여자 : 어디가 아파서 오셨어요?
　　남자 : 기침이 나요.

3) 여자 : 어디가 아프세요?
　　남자 : 몸이 가려워서 왔어요.

4) 여자 : 어떻게 오셨어요?
　　남자 : 열이 나서 왔어요.

2. スキットをよく聞いて、以下の文章について○か×で答えなさい。

> 의사　　: 자, 앉으세요. 어떻게 오셨어요?
> 우에다 : 오늘 아침부터 배가 많이 아파요.
> 의사　　: 어제 뭘 드셨어요?
> 우에다 : 너무 더워서 아이스크림을 많이 먹었어요.
> 의사　　: 배탈이 나셨어요. 약국에서 약을 사서 드세요.
> 　　　　 아이스크림이나 콜라는 드시지 마세요.
> 우에다 : 네, 알겠습니다.

234

付録

3. 質問をよく聞いて、韓国語で答えを書きなさい。

1) 어디에서 약을 사세요?

2) 주말에 어디에 가셨어요?

3) 어제 학교에 오셨어요?

4) 감기에 걸리셨어요?

5) 아침을 드셨어요?

## 16課 축제 때 뭐 할 거예요?

1. 音声をよく聞いて、適当なものを書き入れなさい。

例) 아침에는 토스트를 먹었어요. 저녁에는 비빔밥을 먹을 거예요.

1) 어제는 시장에 갔어요. 내일은 극장에 갈 거예요.

2) 지난주에는 농구를 했어요. 다음 주에는 야구를 할 거예요.

3) 지난달에는 서울에 갔어요. 다음 달에는 제주도에 갈 거예요.

4) 작년에는 독일어를 배웠어요. 내년에는 한국어를 배울 거예요.

2. スキットをよく聞いて、以下の文章について○か×で答えなさい。

우에다 : 지수 씨, 방학 때 한국에 갈 거예요?

김지수 : 네, 빨리 가서 가족들도 만나고 맛있는 음식도 많이
　　　　　먹고 싶어요. 우에다 씨는 뭐 할 거예요?

우에다 : 친구들이랑 한국에 여행 갈 거예요.

김지수 : 어디에 갈 거예요?

우에다 : 서울에 갈 거예요. 서울에서 유명한 인사동이랑
　　　　　경복궁에 가고 싶어요.

김지수 : 그래요? 그럼 제가 안내할게요.

3. 質問をよく聞いて、韓国語で答えを書きなさい。

1) 오늘 저녁에 뭐 할 거예요?

2) 수업 시간에 커피를 마셔도 돼요?

3) 수업 시간에 질문해도 돼요?

4) 가장 받고 싶은 선물이 뭐예요?

5) 제일 먹고 싶은 한국 음식이 뭐예요?

235

**17課** 테니스를 칠 수 있어요?

1. 音声をよく聞いて、それぞれの人に出来ることと出来ないことを調べなさい。

例) 우에다 : 스키 탈 수 있어요?
　　김지수 : 네, 탈 수 있어요.
　　우에다 : 김치를 만들 수 있어요?
　　김지수 : 아뇨, 못 만들어요.

1) 이수민 : 음악 좋아하세요?
　　제시카 : 네, 아주 좋아해요.
　　이수민 : 피아노를 칠 수 있어요?
　　제시카 : 아뇨, 못 쳐요.

2) 김지수 : 한국 음식 좋아하세요?
　　우에다 : 네, 아주 좋아해요.
　　김지수 : 그럼, 한국 음식도 만들 수 있어요?
　　우에다 : 네, 비빔밥을 만들 수 있어요.

3) 제시카 : 피아노를 칠 수 있어요?
　　이수민 : 아뇨, 칠 수 없어요.
　　제시카 : 스키를 탈 수 있어요?
　　이수민 : 조금요.

4) 제시카 : 수영 잘해요?
　　다나카 : 아뇨, 전 수영 못해요.
　　제시카 : 테니스는요?
　　다나카 : 테니스는 조금 쳐요.

2. スキットをよく聞いて、以下の文章について○か×で答えなさい。

> 우에다 : 지수 씨, 에어로빅을 계속하고 있어요?
> 김지수 : 네, 열심히 하고 있어요.
> 우에다 : 힘들지 않아요?
> 김지수 : 처음에는 힘들었지만 지금은 아주 재미있어요. 왜요?
> 우에다 : 저도 운동을 하고 싶어요. 뭐가 좋아요? 가르쳐 주세요.
> 김지수 : 그럼, 오늘 스포츠 센터에 같이 갈까요?
> 　　　　　 이번 주가 무료 체험 기간이에요.
> 　　　　　 여러 프로그램을 무료로 체험해 볼 수 있어요.
> 우에다 : 좋아요. 앞으로 열심히 운동해서 건강하고 멋있는
> 　　　　　 몸을 만들 거예요.
> 김지수 : 우에다 씨, 파이팅!

3. 質問をよく聞いて、韓国語で答えを書きなさい。

　　1) 운전할 수 있어요?

　　2) 한국 음식을 만들 수 있어요?

　　3) 한국어를 누구한테 배우고 있어요?

　　4) 수업이 끝나면 뭐 할 거예요?

　　5) 수업 시간에 음악을 들어도 돼요?

**18課　소개팅을 한 적이 있어요?**

1. 音声をよく聞いて、誰についての話なのかを見つけ、該当する記号を書きなさい。

　　例) 여자 : 누가 스티브 씨예요?
　　　　남자 : 텔레비전을 보는 사람이 스티브 씨예요.
　　　　　　　 머리가 긴 사람이에요.

　　1) 여자 : 누가 미라 씨예요?
　　　　남자 : 이야기하는 사람이 미라 씨예요.
　　　　　　　 키가 큰 사람이에요.

　　2) 여자 : 누가 안도 씨예요?
　　　　남자 : 전화를 하는 사람이 안도 씨예요.
　　　　　　　 눈이 큰 사람이에요.

　　3) 여자 : 누가 야스히로 씨예요?
　　　　남자 : 커피를 마시는 사람이 야스히로 씨예요.
　　　　　　　 뜨거운 커피를 마시고 있어요.

　　4) 여자 : 누가 크리스 씨예요?
　　　　남자 : 인사를 하는 사람이 크리스 씨예요.
　　　　　　　 뚱뚱한 사람이에요.

2. スキットをよく聞いて、以下の文章について○か×で答えなさい。

---

제시카 : 제가 직접 만든 빵이에요. 좀 드셔 보세요.

김지수 : 음~~, 맛있겠어요. 요리하는 것을 좋아하세요?

제시카 : 네, 케이크나 빵 만드는 것을 좋아해요.

김지수 : 치즈 케이크도 만들어 봤어요?

제시카 : 그럼요. 치즈 케이크를 만드는 것은 아주 쉬워요.

김지수 : 그럼, 이번 주말에 좀 가르쳐 주세요.

제시카 : 미안해요. 이번 주말은 바빠서 만들 시간이 없어요.

김지수 : 다음 주는 어떠세요?

제시카 : 좋아요.

3. 質問をよく聞いて、韓国語で答えを書きなさい。

　　1) 지금 사는 곳이 어디예요?

　　2) 자주 듣는 음악이 뭐예요?

　　3) 생일 때 받은 선물이 뭐예요?

　　4) 겨울 방학 때 한국에 갈 예정이에요?

　　5) 한국에 가 봤어요?


**19課　어머니께 선물하려고 해요.**

1. 音声をよく聞いて、求めているものを見つけ、該当する記号を書きなさい。

　例) 남자 : 어서 오세요. 찾으시는 물건 있으세요?
　　　여자 : 장갑 좀 보여 주세요.
　　　남자 : 무슨 색을 찾으세요?
　　　여자 : 까만색이요.

　1) 남자 : 어서 오세요. 손님, 뭐 찾으세요?
　　　여자 : 구두 좀 보여 주세요.
　　　남자 : 무슨 색을 찾으세요?
　　　여자 : 하얀색이요.

　2) 여자 : 어서 오세요. 손님. 뭐 찾으세요?
　　　남자 : 안경 좀 보여 주세요.
　　　여자 : 무슨 색을 찾으세요?
　　　남자 : 노란색이요.

　3) 남자 : 어서 오세요. 찾으시는 물건 있으세요?
　　　여자 : 치마 좀 보여 주세요.
　　　남자 : 무슨 색을 찾으세요?
　　　여자 : 빨간색이요.

　4) 여자 : 어서 오세요. 찾으시는 물건 있으세요?
　　　남자 : 바지 좀 보여 주세요.
　　　여자 : 무슨 색을 찾으세요?
　　　남자 : 파란색이요.

2. スキットをよく聞いて、以下の文章について○か×で答えなさい。

　　점원 : 어서 오세요. 뭐 찾으세요?

　　손님 : 스웨터 좀 보여 주세요.

　　점원 : 네, 이건 어떠세요? 요즘 가장 인기 있는 스웨터예요.

　　　　　캐시미어라서 아주 따뜻하고 부드러워요.

　　손님 : 좀 입어 봐도 돼요?

　　점원 : 그럼요. 이쪽으로 오세요.

　　　　　〈잠시 후〉

付録

> 점원 : 어떠세요?
> 손님 : 디자인은 예쁘지만 색깔이 안 어울리네요.
> 점원 : 그러세요? 그럼 빨간 색은 어떠세요?
> 손님 : 아뇨, 나중에 다시 올게요.

3. 質問をよく聞いて、韓国語で答えを書きなさい。

   1) 방학 때 뭐 하려고 해요?
   2) 친구에게 선물하려고 해요. 뭐가 좋아요?
   3) 아버지께 선물하려고 해요. 뭐가 좋아요?
   4) 크리스마스 선물로 무엇을 받고 싶어요?
   5) 무슨 색을 좋아하세요?

**20課 길 좀 가르쳐 주시겠어요?**

1. 音声をよく聞いて、目的地を見つけて該当する番号に✓しなさい。

   例) 여자 : 저, 실례합니다. 식당이 어디에 있어요?
   　　 남자 : 네거리에서 오른쪽으로 돌아가면 왼쪽에 있어요.

   1) 여자 : 저, 실례합니다. 극장이 어디에 있어요?
   　　남자 : 네거리에서 왼쪽으로 돌아가면 왼쪽에 있어요.

   2) 여자 : 저, 실례지만 서점이 어디에 있어요?
   　　남자 : 네거리에서 오른쪽으로 돌아가면 오른쪽에 있어요.

   3) 남자 : 저, 실례지만 병원이 어디에 있어요?
   　　여자 : 여기서 똑바로 가면 네거리가 있어요.
   　　　　　 네거리에서 왼쪽으로 돌아가면 오른쪽에 있어요.

   4) 남자 : 저, 실례합니다. 호텔이 어디에 있어요?
   　　여자 : 여기서 똑바로 가면 네거리가 있어요.
   　　　　　 네거리에서 오른쪽으로 돌아가면 왼쪽에 있어요.

2. それぞれのスキットを聞いて、目的地を見つけて該当する番号を書きなさい。

> ① 남자 : 저, 실례합니다. 극장에 가려고 하는데요.
> 　　　　　 이 근처에 극장이 어디에 있어요?
> 　여자 : 여기서 똑바로 가면 네거리가 있어요.
> 　　　　　 네거리에서 왼쪽으로 돌아가면 오른쪽에 서점이 있어요.
> 　　　　　 서점 옆에 있어요.
> 　남자 : 고맙습니다.

239

② 여자 : 저, 실례합니다. 약국에 가려고 하는데요.

길 좀 가르쳐 주시겠어요?

남자 : 여기서 똑바로 가면 네거리가 있어요.

네거리에서 똑바로 가면 오른쪽에 호텔이 있어요.

호텔 안에 있어요.

여자 : 고맙습니다.

③ 남자 : 저, 실례합니다. 은행에 가려고 하는데요.

길 좀 가르쳐 주시겠어요?

여자 : 여기서 쭉 가면 네거리가 있어요.

남자 : 쭉이요?

여자 : 네, 똑바로 가면, 쭉 가면 네거리가 나와요.

네거리가 나오면 오른쪽으로 돌아서 쭉 가세요.

남자 : 오른쪽으로 돌아서 똑바로요?

여자 : 네, 계속 가면 삼거리가 나와요.

삼거리에서 왼쪽으로 돌아서 50미터쯤 가면 오른쪽에 있어요.

남자 : 고맙습니다.

3. 質問をよく聞いて、韓国語で答えを書きなさい。

1) 도서관은 어디에 있어요?

2) 집 옆에 뭐가 있어요?

3) 학교 앞에 뭐가 있어요?

4) 학교에서 왼쪽으로 가면 뭐가 있어요?

5) 어머니 생신 때 무엇을 사 드렸어요?

付 録

**21課** **떡국은 숟가락으로 먹어야 해요.**

1. 音声をよく聞いて、内容の真偽について○か×で答えなさい。

例) 여자 : 비행기표를 예약하고 싶은데 전화로 예약해도 돼요?
　　남자 : 전화로 예약해도 돼요.

1) 여자 : 한국에 가고 싶은데 비자를 받아야 해요?
　　남자 : 3개월은 비자가 없어도 돼요.

2) 여자 : 물건을 사고 싶은데 카드로 계산해도 돼요?
　　남자 : 네, 카드로 계산해도 돼요.

3) 남자 : 나이를 물어봐도 돼요?
　　여자 : 나이를 물어보는 것은 실례예요. 물어보면 안 돼요.

4) 여자 : 피곤한데 공부해야 해요? 자면 안 돼요?
　　남자 : 내일이 시험이에요. 자면 안 돼요.

2. スキットの内容と一致する内容に✔しなさい。

> 남자 : 겨울 방학 때 일본에 가려고 하는데요.
> 　　　일본에 대해서 좀 가르쳐 주세요.
> 여자 : 일본은 자동차 핸들이 오른쪽에 있어요.
> 　　　그래서 운전할 때 조심해야 해요.
> 　　　그리고, 지하철이나 버스에서는 핸드폰을 사용하면 안 돼요.
> 남자 : 식사할 때는 어때요?
> 여자 : 식사할 때는 젓가락을 사용하고 그릇을 들고 먹어요.
> 　　　그리고 먹을 때 소리를 내면 안 돼요.
> 　　　그렇지만 라면이나 우동은 괜찮아요.
> 남자 : 한국과 많이 다르군요! 가르쳐 줘서 고마워요.

3. 質問をよく聞いて、韓国語で答えを書きなさい。

1) 집에 들어갈 때 신발을 벗어야 해요?
2) 밤에 전화해도 돼요?
3) 집에서 고양이나 개를 길러도 돼요?
4) 한국에서는 설날에 무엇을 먹어요?
5) 일본에서는 설날에 무엇을 먹어요?

241

## 22課 한국 문화를 체험하고 싶은데요.

**1.** 音声をよく聞いて、会話の内容と一致するところに✓しなさい。

例) 남자 : 한국 김치를 선물하면 좋아할까요?
　　 여자 : 김치를 잘 먹으니까 좋아할 거예요.

1) 남자 : 비행기 표가 있을까요?
　 여자 : 연휴라서 표가 없을 거예요.

2) 남자 : 다음주에 서울에 가려고 하는데 추울까요?
　 여자 : 네, 1월이니까 추울 거예요.

3) 여자 : 학교 도서관에 사람이 많을까요?
　 남자 : 방학이라서 사람이 없을 거예요.

4) 여자 : 편지를 보내고 싶은데요, 며칠 후에 도착할까요?
　 남자 : 한국이니까 2-3일 걸릴 거예요.

**2.** スキットをよく聞いて、以下の文章について○か×で答えなさい。

> 이수민 : (노크 소리) 네, 들어 오세요.
> 우에다 : 선생님, 안녕하세요?
> 이수민 : 네, 우에다 씨, 무슨 일이세요?
> 우에다 : 교환 유학생으로 한국에 가고 싶은데요.
> 　　　　저도 교환 유학생이 될 수 있어요?
> 이수민 : 네, 1년 정도 공부한 학생이라면 가능해요.
> 우에다 : 시험은 어떻게 준비하면 될까요?
> 이수민 : 에세이, 한국어 시험, 인터뷰를 준비하면 될 거예요.
> 　　　　4월에 시험이 있으니까 열심히 하세요.
> 우에다 : 네, 열심히 하겠습니다. 그럼, 안녕히 계세요.
> 이수민 : 네, 안녕히 가세요.

**3.** 質問をよく聞いて、韓国語で答えを書きなさい。

1) 음악을 들으면서 뭐 해요?
2) 식사를 하면서 뭐 해요?
3) 스키를 타고 싶은데 어디에 가면 좋을까요?
4) 온천에 가고 싶은데 어디에 가면 좋을까요?
5) 친구 생일인데 무엇을 선물하면 좋아할까요?

# 단어색인

韓日単語索引 … 244

日韓単語リスト … 260

# 韓日単語索引

## ㄱ

| 韓 | 日 | 頁 |
|---|---|---|
| ~가 아니에요/이 아니에요 | ~ではありません | 94 |
| ~가 아닙니다/이 아닙니다 | ~ではありません | 41 |
| ~가/이 | ~が | 60 |
| 가게 | 店 | 17 |
| 가구 | 家具 | 18 |
| 가깝다 | 近い | 106 |
| 가다 | 行く | 70 |
| 가렵다 | かゆい | 152 |
| 가르치다 | 教える | 77 |
| 가방 | かばん | 29 |
| 가볍다 | 軽い | 161 |
| 가수 | 歌手 | 16 |
| 가장 | 一番、最も | 163 |
| 가정 | 家庭 | 218 |
| 가짜 | 偽物 | 22 |
| 간호사 | 看護師 | 44 |
| 갈비 | カルビ | 95 |
| 갈색 | 褐色 | 191 |
| 갈아타다 | 乗り換える | 183 |
| 감기에 걸리다 | 風邪を引く | 150 |
| 감사하다 | 感謝する | 92 |
| 감사합니다 | 有り難うございます、感謝します | 92 |
| 갔다 오다 | 行って来る | 114 |
| 강 | 川 | 29 |
| 같이 | 一緒に | 124 |
| 개 | 犬 | 16 |
| 개 | 個 | 108 |

| 거기 | そこ | 62 |
|---|---|---|
| ~거나 | ~(し)たり | 170 |
| 거리 | 通り | 120 |
| 거리가 깨끗하다 | 町がきれいだ | 120 |
| 거실 | リビング | 140 |
| 거짓말을 하다 | 嘘をつく | 182 |
| 건강 | 健康 | 146 |
| 건강하다 | 健康だ | 214 |
| 건너다 | 渡る | 73 |
| 걷다 | 歩く | 170 |
| 걸다 | かける | 61 |
| 걸리다 | かかる | 114 |
| 걸어가다 | 歩いて行く | 200 |
| 검은색 | 黒色 | 191 |
| 검정색 | 黒色 | 191 |
| 게임 | ゲーム | 80 |
| ~겠~① | 意思 | 106 |
| ~겠~② | 推量・推測 | 139 |
| 겨울 | 冬 | 131 |
| 결석을 하다 | 欠席をする | 182 |
| 경복궁 | 景福宮 | 164 |
| 경치 | 景色 | 120 |
| 계산하다 | 勘定する | 172 |
| 계속 | ずっと、続けて、継続、絶えず | 152 |
| 계시다 | いらっしゃる | 138 |
| 계획 | 計画 | 156 |
| ~고 | ~で/~(し)て | 149 |
| ~고 싶다 | ~(し)たい | 127 |
| ~고 있다 | ~(し)ている | 169 |
| 고기 | 肉 | 18 |

| | | |
|---|---|---|
| 고등학생 | 高校生 | 212 |
| 고르다 | 選ぶ | 211 |
| 고마워요 | 有り難うございます | 80 |
| 고맙다 | 有り難い | 80 |
| 고맙습니다 | 有り難うございます | 104 |
| 고양이 | 猫 | 61 |
| 고프다 | (腹が)すく | 107 |
| 고향 | 故郷、地元、実家 | 45 |
| 곧 | すぐ | 29 |
| 곳 | 所 | 62 |
| 공기 | 空気 | 204 |
| 공부하다 | 勉強する | 48 |
| 공연 | 公演 | 156 |
| 공연장 | 公演場 | 156 |
| 공원 | 公園 | 89 |
| 과 | 課 | 96 |
| ~과/와 | ~と | 61 |
| 과일주스 | 果物ジュース | 142 |
| 과자 | お菓子 | 26 |
| 괜찮다 | 大丈夫だ | 136 |
| 교실 | 教室 | 61 |
| 교환 유학생 | 交換留学生 | 224 |
| 구 | 九 | 96 |
| 구경하다 | 見物する | 156 |
| 구두 | 靴 | 17 |
| 국제교류과 | 国際交流課 | 218 |
| ~군요 | ~ですね | 211 |
| 권 | 冊、巻 | 108 |
| 귀 | 耳 | 26 |
| 귀성 | 帰省 | 214 |
| 그 | その | 62 |
| 그것 | それ | 62 |
| 그날 | その日 | 104 |

| | | |
|---|---|---|
| 그래요? | そうですか | 104 |
| 그런데 | ところで | 166 |
| 그럼 | では | 92 |
| 그렇다 | そうだ | 58 |
| 그릇 | 器、杯(丼) | 108 |
| 그리다 | 描く | 171 |
| 그림 | 絵 | 171 |
| 극장 | 映画館 | 76 |
| 금색 | 金色 | 191 |
| 금요일 | 金曜日 | 84 |
| 기다리다 | 待つ | 77 |
| 기대하다 | 期待する | 162 |
| 기르다 | 飼う | 211 |
| 기쁘다 | 嬉しい | 73 |
| 기숙사 | 寮 | 58 |
| 기침이 나다 | 咳が出る | 152 |
| 기타 | ギター | 171 |
| 길 | 道 | 29 |
| 길다 | 長い | 61 |
| 김 | のり | 29 |
| 김밥 | キムパップ(海苔巻き) | 142 |
| 김치 | キムチ | 30 |
| 김치볶음밥 | キムチチャーハン | 142 |
| 김치찌개 | キムチチゲ | 124 |
| 까만색 | 黒色 | 194 |
| 까맣다 | 黒い | 193 |
| 깎다 | 値切る | 116 |
| 깨끗하다 | きれいだ(清潔だ) | 120 |
| 껌 | ガム | 88 |
| ~께 | ~に(尊敬) | 138 |
| ~께서 | ~が(尊敬) | 138 |
| ~께서는 | ~は(尊敬) | 138 |
| 꼬마 | ちび | 22 |

245

| | | |
|---|---|---|
| 꼭 | 必ず、ぜひ | 104 |
| 꽃 | 花 | 29 |
| 끝 | 終わり | 29 |
| 끝나다 | 終わる | 151 |
| 끝내다 | 終える | 73 |

## ㄴ

| | | |
|---|---|---|
| ~ㄴ/은 | 動詞過去連体形 | 181 |
| ~ㄴ/은 | 形容詞の連体形 | 159 |
| ~ㄴ/은 적이 없다 | ~(し)たことがない | 180 |
| ~ㄴ/은 적이 있다 | ~(し)たことがある | 180 |
| ~ㄴ데/은데/는데 | ~だが、~ので | 200 |
| 나 | 私 | 16 |
| ~나/이나 | ~か | 128 |
| 나가다 | 出る | 152 |
| 나라 | 国 | 161 |
| 나무 | 木 | 16 |
| 나쁘다 | 悪い | 107 |
| 나오다 | 出る | 205 |
| 나이 | 歳 | 215 |
| 나중에 | 後で | 107 |
| 날다 | 飛ぶ | 61 |
| 날씨 | 天気 | 159 |
| 남동생 | 弟 | 149 |
| 낮 | 昼 | 107 |
| 낮다 | 低い | 161 |
| 내 | 私の | 62 |
| 내년 | 来年 | 107 |
| 내일 | 明日 | 74 |
| 냉면 | 冷麺 | 132 |
| 너 | あなた | 16 |
| 너무 | あまりにも、とても | 114 |
| 넓다 | 広い | 161 |

| | | |
|---|---|---|
| 네 | はい | 69 |
| 네 | 四つの | 108 |
| 네거리 | 交差点、十字路 | 198 |
| ~네요 | ~ですね | 139 |
| 넷 | 四つ | 108 |
| 년 | 年 | 96 |
| 노란색 | 黄色 | 191 |
| 노랗다 | 黄色い | 193 |
| 노래 | 歌 | 18 |
| 노래방 | カラオケ | 89 |
| 노래하다 | 歌う | 149 |
| 노트 | ノート | 21 |
| 녹색 | 緑色 | 191 |
| 놀다 | 遊ぶ | 61 |
| 놀라다 | 驚く、びっくりする | 114 |
| 놀이공원 | テーマパーク | 89 |
| 농구 | バスケットボール | 130 |
| 높다 | 高い | 161 |
| 놓다 | 置く | 212 |
| 누가 | 誰が | 67 |
| 누구 | 誰 | 18 |
| 눈 | 目 | 29 |
| 눈이 오다 | 雪が降る | 139 |
| 뉴스 | ニュース | 16 |
| ~는 | 動詞現在連体形 | 181 |
| ~는/은 | ~は | 40 |
| ~는요?/은요? | ~は？ | 85 |
| 능력 | 能力 | 185 |
| 늦게 | 遅く | 212 |
| 늦다 | 遅れる、遅い | 119 |
| 늦잠을 자다 | 寝坊をする | 119 |
| ~니까/으니까 | ~から/ので | 106 |

246

## ㄷ

| | | |
|---|---|---|
| ㄷ변칙용언 | ㄷ変則用言 | 170 |
| 다니다 | 通う | 73 |
| 다르다 | 異なる、違う、別だ | 211 |
| 다리 | 脚、橋 | 16 |
| 다섯 | 五つ、五 | 108 |
| 다시 한번 | もう一度、再度、再び | 198 |
| 다음 주 | 来週 | 104 |
| 다이어트하다 | ダイエットする | 151 |
| 닫다 | 閉める | 119 |
| 달러 | ドル | 96 |
| 담배를 피우다 | タバコを吸う | 150 |
| 당장 | すぐ、直ちに | 210 |
| 대 | 台 | 108 |
| 대학생 | 大学生 | 172 |
| 더 | もっと | 106 |
| 덥다 | 暑い | 84 |
| 데이트 | デート | 53 |
| ~도 | ~も | 41 |
| 도 | 度 | 96 |
| 도서관 | 図書館 | 76 |
| 도시 | 都市 | 18 |
| 도시락 | お弁当 | 184 |
| 도와주다 | 手伝ってあげる、手伝ってくれる | 201 |
| 도자기 | 陶磁器 | 182 |
| 도착하다 | 到着する | 200 |
| 독감 | インフルエンザ | 146 |
| 독일 | ドイツ | 44 |
| 독일어 | ドイツ語 | 164 |
| 돈 | お金 | 29 |
| 돈가스 | トンカツ | 142 |

| | | |
|---|---|---|
| 돌아가다 | 曲がっていく、帰る | 205 |
| 돌아가시다 | お亡くなりになる | 138 |
| 돌아오다 | 帰る、帰って来る | 87 |
| 동생 | 妹、弟 | 60 |
| 동쪽 | 東(側) | 200 |
| 돼지 | 豚 | 26 |
| 된장찌개 | 味噌チゲ | 142 |
| 두 | 二つの | 108 |
| 두부 | 豆腐 | 18 |
| 둘 | 二つ | 108 |
| 뒤 | 後ろ | 62 |
| 드라마 | ドラマ | 48 |
| 드시다 | 召し上がる | 138 |
| 듣다 | 聞く | 52 |
| ~들 | ~達(複数) | 104 |
| 들어가다 | 入る、入って行く | 150 |
| 들어오다 | 入る、入って来る | 166 |
| 등록하다 | 登録する | 174 |
| 디자이너 | デザイナー | 42 |
| 디자인 | デザイン | 188 |
| 따뜻하다 | 暖かい、温かい | 185 |
| 따요 | 取ります | 22 |
| 때 | 時 | 114 |
| 떠들다 | お喋りする、騒ぐ | 150 |
| 떡국 | トック | 208 |
| 떡볶이 | トッポッキ | 142 |
| 또 | また | 22 |
| 똑바로 | まっすぐ | 198 |
| 뚱뚱하다 | 太っている | 151 |
| 뜨겁다 | 熱い | 88 |

## ㄹ

| | | |
|---|---|---|
| ~ㄹ/을 거예요 ① | ~(す)るつもりです | 158 |

247

| | | |
|---|---|---|
| ~ㄹ/을 거예요 ② | ~(す)るでしょう | 221 |
| ~ㄹ/을 수 없다 | ~(す)ることができない | 168 |
| ~ㄹ/을 수 있다 | ~(す)ることができる | 168 |
| ~ㄹ/을 | 動詞未来連体形 | 181 |
| ~ㄹ게요/을게요 | ~(し)ます | 159 |
| ~ㄹ까요?/을까요? ① | ~(し)ましょうか | 126 |
| ~ㄹ까요?/을까요? ② | ~(し)でしょうか | 220 |
| ㄹ변칙용언 | ㄹ変則用言 | 61 |
| 라디오 | ラジオ | 18 |
| 라면 | ラーメン | 130 |
| ~러/으러 | ~(し)に | 128 |
| 러시아 | ロシア | 18 |
| 려고/으려고 하다 | ~(し)ようとする | 190 |
| | ~(し)ようと思う | |
| ~로/으로 | ~で、~へ | 117,200 |
| 룸메이트 | ルームメイト | 58 |
| 르변칙용언 | 르変則用言 | 211 |
| ~를/을 | ~を | 51 |
| 리포트 | レポート | 111,160 |
| 린스 | リンス | 101 |

□

| | | |
|---|---|---|
| 마리 | 匹 | 108 |
| 마시다 | 飲む | 52 |
| 마음 | 心 | 185 |
| 마음에 들다 | 気に入る | 131 |
| 마흔 | 四十 | 108 |
| 만 | 万 | 96 |
| 만나다 | 会う | 70 |
| 만나서 반갑습니다 | お会いできて嬉しいです | 38 |
| 만두 | 餃子 | 142 |
| 만들다 | 作る | 61 |
| 많다 | 多い | 116 |

| | | |
|---|---|---|
| 많이 | たくさん | 104 |
| 말씀 | お言葉、お話 | 198 |
| 말씀하다 | おっしゃる | 201 |
| 말하다 | 話す、言う | 116 |
| 맛 | 味 | 29 |
| 맛없다 | おいしくない | 161 |
| 맛있게 드세요 | 美味しくお召し上がり | |
| | ください | 136 |
| 맛있다 | おいしい | 55 |
| 매년 | 毎年 | 107 |
| 매일 | 毎日 | 56 |
| 매주 | 毎週 | 107 |
| 맥주 | ビール | 100 |
| 맵다 | 辛い | 88 |
| 머리 | 頭 | 18 |
| 먹다 | 食べる | 50 |
| 먼저 | 先に | 116 |
| 멀다 | 遠い | 61 |
| 메뉴 | メニュー | 18 |
| 메모 | メモ | 18 |
| 메모하다 | メモする | 106 |
| 며칠 | 何日 | 96 |
| ~면/으면 안 되다 | ~(し)てはいけない | 210 |
| ~면/으면 | ~ば/と/たら | 169 |
| 면서/으면서 | ~(し)ながら | 220 |
| 명 | 名 | 108 |
| 명동 | ミョンドン(明洞) | 203 |
| 몇 | 何、いくつ | 51 |
| 몇 번 | 何番 | 98 |
| 몇 분 | 何名様 | 136 |
| 몇 월 | 何月 | 96 |
| 모두 | 全部で、すべて | 92 |

| | | |
|---|---|---|
| 모레 | 明後日 | 107 |
| 모르다 | 知らない、分からない | 127 |
| 모으다 | 集める | 107 |
| 모자 | 帽子 | 17 |
| 목 | 喉 | 151 |
| 목요일 | 木曜日 | 84 |
| 목욕하다 | お風呂に入る | 152 |
| 몸 | 体 | 152 |
| 못 ~ | ~(す)ることができない | 168 |
| 무겁다 | 重い | 88 |
| 무료 | 無料 | 175 |
| 무리하다 | 無理する | 146 |
| 무슨 | 何の、どんな、どういう | 51 |
| 무슨 요일 | 何曜日 | 97 |
| 무엇 | 何 | 38 |
| 문 | ドア | 116 |
| 문화 | 文化 | 218 |
| 문화 센터 | 文化センター | 89 |
| 묻다 | 尋ねる、問う | 170 |
| 물 | 水 | 29 |
| 물가 | 物価 | 120 |
| 물건 | 品物、もの | 188 |
| 물론 | 勿論 | 156 |
| 뭐 | 何 | 26 |
| 뭘 | 何を | 80 |
| 뭘 드릴까요? | 何になさいますか | 136 |
| 뮤지컬 | ミュージカル | 141 |
| 미국 | アメリカ | 42 |
| 미역국 | わかめスープ | 213 |
| 미터 | メートル | 198 |
| 밑 | 下 | 62 |

## ㅂ

| | | |
|---|---|---|
| ~ㅂ니까?/습니까? | ~ですか/~(し)ますか | 50 |
| ~ㅂ니다/습니다 | ~です/~(し)ます | 50 |
| ㅂ변칙용언 | ㅂ変則用言 | 84 |
| ~ㅂ시다/읍시다 | ~(し)ましょう | 126 |
| 바꾸다 | 交換する、変える、換える、取り換える | 200 |
| 바나나 | バナナ | 18 |
| 바다 | 海 | 120 |
| 바닥 | 床 | 215 |
| 바쁘다 | 忙しい | 50 |
| 바지 | ズボン | 17 |
| ~박~일 | ~泊~日 | 114 |
| 밖 | 外 | 29 |
| 반갑다 | (会えて)うれしい | 88 |
| 반드시 | きっと、必ず | 221 |
| 받다 | 受け取る、もらう | 150 |
| 발 | 足 | 29 |
| 발음 | 発音 | 131 |
| 밝다 | 明るい | 185 |
| 밤 | 晩 | 107 |
| 밥 | ご飯 | 29 |
| 방 | 部屋 | 29 |
| 방학 | (学校の長い)休み | 114 |
| 배 | 船 | 118 |
| 배구 | バレーボール | 132 |
| 배우다 | 習う、学ぶ | 73 |
| 백 | 百 | 96 |
| 백만 | 百万 | 96 |
| 백화점 | デパート | 70 |
| 버리다 | 捨てる | 183 |

| | | |
|---|---|---|
| 버스 | バス | 16 |
| 번 | 番 | 96 |
| 번호 | 番号 | 96 |
| 벌써 | もう、すでに | 221 |
| | | |
| 베이지색 | ベージュ色 | 191 |
| 베트남 | ベトナム | 44 |
| 병 | 瓶、本(瓶を数える時) | 108 |
| 병원 | 病院 | 112 |
| 보내다 | 送る | 73 |
| 보다 | 見る | 48 |
| ~보다 | ~より | 136 |
| 보라색 | 紫色 | 191 |
| 보이다 | 見せる、見える | 114 |
| 보통 | 普通 | 142 |
| 복사하다 | コピーする | 172 |
| 볼펜 | ボールペン | 119 |
| 부럽다 | うらやましい | 88 |
| 부르다 | 歌う、呼ぶ | 185 |
| 부자 | 金持ち | 19 |
| 부탁드리다 | よろしくお願いする | 162 |
| ~부터~까지 | ~から~まで | 106 |
| 분 | 方(人の尊敬) | 62 |
| 분 | 分 | 96 |
| 분홍색 | ピンク色 | 191 |
| 불고기 | プルゴギ(韓国の焼肉) | 142 |
| 불고기 버거 | プルゴギバーガー | 143 |
| 불편하다 | 不便だ | 119 |
| 비 | 雨 | 16 |
| 비가 오다 | 雨が降る | 200 |
| 비밀 | 秘密 | 158 |
| 비빔밥 | ビビンパ | 95 |
| 비싸다 | (値)高い | 131 |

| | | |
|---|---|---|
| 비자 | ビザ | 215 |
| 비행기 | 飛行機 | 117 |
| 빌딩 | ビル | 198 |
| 빌려주다 | 貸してくれる | 200 |
| 빌리다 | 借りる | 87 |
| 빚 | 借金 | 29 |
| 빠르다 | 早い | 139 |
| 빨간색 | 赤色 | 191 |
| 빨갛다 | 赤い | 188 |
| 빨래하다 | 洗濯する | 192 |
| 빵 | パン | 29 |
| 뽀뽀 | チュー | 22 |

## ㅅ

| | | |
|---|---|---|
| 사 | 四 | 96 |
| 사과 | りんご | 26 |
| 사다 | 買う | 18 |
| 사람 | 人 | 29 |
| 사요 | 買います | 23 |
| 사용하다 | 使う | 150 |
| 사이 | 間 | 62 |
| 사이다 | サイダー | 142 |
| 사이즈 | サイズ | 204 |
| 사인하다 | サインする | 204 |
| 사자 | ライオン | 18 |
| 사진 | 写真 | 53 |
| 사진 찍기 | 写真撮影 | 174 |
| 사회 | 社会 | 26 |
| 산 | 山 | 29 |
| 산책하다 | 散歩する | 140 |
| 살 | 才、歳 | 108 |
| 살다 | 住む、暮らす | 58 |
| 살색 | 肌色 | 191 |
| 삼 | 三 | 96 |

| | | |
|---|---|---|
| 상 | 賞 | 182 |
| 상품 | 商品 | 188 |
| 새 | 鳥 | 16 |
| 새벽 | 夜明け | 107 |
| 새해 복 많이 받으세요 | 明けましておめでとう | |
| | ございます | 208 |
| 색깔 | 色 | 188 |
| 샌드위치 | サンドイッチ | 100 |
| 생각 | 考え | 95 |
| 생일 | 誕生日 | 100 |
| 생활 | 生活 | 214 |
| 샤워 | シャワー | 26 |
| 샴푸 | シャンプー | 101 |
| 서다 | 立つ | 73 |
| 서른 | 三十 | 108 |
| 서울 | ソウル | 29 |
| 서울역 | ソウル駅 | 203 |
| 서점 | 書店、本屋 | 198 |
| 서클 | サークル | 166 |
| 서클 활동 | サークル活動 | 111 |
| 선물 | プレゼント、お土産 | 161 |
| 선물하다 | プレゼントする | 87 |
| 선배 | 先輩 | 166 |
| 선생님 | 先生 | 38 |
| 설날 | お正月 | 213 |
| 성격 | 性格 | 185 |
| 성실하다 | 真面目だ、誠実だ | 185 |
| 성인 | 成人 | 212 |
| 세 | 三つの | 108 |
| 세계 문화유산 | 世界文化遺産 | 223 |
| 세련되다 | 洗練される、 | |
| | センスがある | 185 |
| 세배 | 新年のご挨拶 | 213 |

| | | |
|---|---|---|
| 세뱃돈 | お年玉 | 214 |
| ~세요/으세요 | ～(し)てください | 95 |
| 세일 | セール | 92 |
| 세트 | セット | 143 |
| 셋 | 三つ | 108 |
| ~셨/으셨~ | 尊敬過去 | 148 |
| 소개팅 | 合コン | 172 |
| 소개하다 | 紹介する | 162 |
| 소리 | 音 | 18 |
| 소리를 내다 | 音をたてる | 215 |
| 소설 | 小説 | 190 |
| 소설책 | 小説の本 | 87 |
| 소주 | 焼酎 | 130 |
| 속 | 中、内、奥 | 62 |
| 손 | 手 | 29 |
| 손에 들다 | 手に持つ | 208 |
| 쇼핑 | ショッピング | 53 |
| 쇼핑하다 | ショッピングする | 70 |
| 수도 | 首都、水道 | 18 |
| 수업 | 授業 | 70 |
| 수영 | 水泳 | 132 |
| 수영하다 | 水泳をする、泳ぐ | 172 |
| 수요일 | 水曜日 | 84 |
| 수첩 | 手帳 | 65 |
| 수학 | 数学 | 200 |
| 숙제 | 宿題 | 77 |
| 순두부찌개 | スンドゥブチゲ | |
| | (豆腐チゲ) | 142 |
| 숟가락 | スプーン | 208 |
| 술 | お酒 | 129 |
| 쉬다 | 休む、くつろぐ | 78 |
| 쉰 | 五十 | 108 |
| 쉽다 | 易しい | 84 |
| 스물 | 二十 | 108 |

251

| | | |
|---|---|---|
| 스웨터 | セーター | 26 |
| 스카프 | スカーフ | 188 |
| 스키 | スキー | 141 |
| 스테이크 | ステーキ | 142 |
| 스파게티 | スパゲッティ | 142 |
| 스포츠 센터 | スポーツセンター | 174 |
| 슬프다 | 悲しい | 107 |
| ~습니까?/ㅂ니까? | ~ですか/~(し)ますか | 50 |
| ~습니다/ㅂ니다 | ~です/~(し)ます | 50 |
| 시 | 時 | 104 |
| ~시/으시~ | 尊敬 | 138 |
| 시간 | 時間 | 96 |
| 시계 | 時計 | 18 |
| 시끄럽다 | うるさい、騒がしい | 116 |
| 시원하다 | 冷たい | 141 |
| 시합 | 試合 | 182 |
| 시험을 보다 | 試験を受ける | 224 |
| 식당 | 食堂 | 76 |
| 식사 | 食事 | 95 |
| 식사 예절 | 食事作法 | 208 |
| 신다 | (靴を)履く | 194 |
| 신문 | 新聞 | 100 |
| 신발 | くつ(履物) | 99 |
| 신청하다 | 申請する | 218 |
| 신칸센 | 新幹線 | 117 |
| 실례하다 | 失礼する | 116 |
| 실례합니다 | 失礼します | 198 |
| 싫어하다 | 嫌いだ | 185 |
| 십 | 十 | 96 |
| 십만 | 十万 | 96 |
| ~십시오/으십시오 | ~(し)てください | 95 |
| 싸다 | 安い | 120 |
| 싸요 | 安いです | 22 |

| | | |
|---|---|---|
| 써요 | 書きます | 22 |
| 쓰다 | 書く | 53 |
| 쓰다 | 使う | 162 |
| 쓰다 | (帽子)かぶる、 | |
| | (眼鏡)かける、(傘)さす | 194 |
| 쓰레기 | ゴミ | 183 |
| ~씨 | ~さん | 38 |

## ㅇ

| | | |
|---|---|---|
| ~아/어/여 보다 | ~(し)てみる | 149 |
| ~아/어/여 봐도 되다 | ~(し)てみてもいい | 190 |
| ~아/어/여 주다 | ~(し)てあげる/ | |
| | ~(し)てくれる | 201 |
| ~아/어/여 주세요 | ~(し)てください | 116 |
| ~아/어/여야 하다 | ~(す)べきである | |
| | ~(し)なければならない | 210 |
| ~아/어/여도 되다 | ~(し)てもいい | 158 |
| 아까 | 先ほど | 200 |
| 아뇨 | いいえ | 70 |
| 아니요 | いいえ | 38 |
| 아래 | 下 | 62 |
| 아르바이트하다 | アルバイトする | 74 |
| 아름답다 | 美しい | 120 |
| 아마 | 多分、おそらく | 218 |
| 아무것도 | 何も | 51 |
| 아무도 | だれも | 51 |
| 아버지 | お父さん | 17 |
| ~아서/어서/여서 ① | ~(し)て | 85 |
| ~아서/어서/여서 ② | ~(し)て/ ~ので/~から | |
| | | 116 |
| ~아요/어요/여요 | ~です/~(し)ます | 72 |
| 아우 | 弟、妹 | 10 |
| 아이 | 子供 | 10 |

| | | |
|---|---|---|
| 아이스크림 | アイスクリーム | 100 |
| 아주 | とても | 48 |
| 아직 | まだ | 156 |
| 아침 | 朝、朝食 | 29, 111 |
| 아프다 | 痛い | 73 |
| 아홉 | 九つ、九 | 108 |
| 아흔 | 九十 | 108 |
| 안 | 中 | 29 |
| 안 ~ | ～ない/～(し)ない | 74 |
| 안 계시다 | いらっしゃらない | 138 |
| 안내하다 | 案内する | 156 |
| 안녕하세요 | おはようございます、 | |
| | こんにちは、こんばんは | 38 |
| 안녕히 가세요 | さようなら(相手が去る時) | 92 |
| 앉다 | 座る | 72 |
| 알겠습니다 | 分かりました | 136 |
| 알다 | 知る、分かる | 61 |
| ~았/었/였~ | ～た(過去形) | 82 |
| 앞 | 前 | 29 |
| 야구 | 野球 | 17 |
| 약 | 薬 | 29 |
| 약국 | 薬屋 | 206 |
| 약도 | (簡単な)地図、略図 | 198 |
| 약속 | 約束 | 70 |
| 약속하다 | 約束する | 106 |
| 약을 먹다 | 薬を飲む | 212 |
| 어느 | どの | 51 |
| 어느 것 | どれ | 51 |
| 어느 쪽 | どちら | 51 |
| 어디 | どこ | 45 |
| 어디서 | どこで | 166 |
| 어때요? | どうですか | 80 |
| 어땠어요? | どうでしたか | 114 |

| | | |
|---|---|---|
| 어떤 | どんな | 51 |
| 어떻다 | どうだ | 191 |
| 어렵다 | 難しい | 51 |
| 어른 | 目上の人、大人 | 212 |
| 어머니 | お母さん | 16 |
| 어서 오세요 | いらっしゃいませ | 92 |
| 어울리다 | 似合う | 80 |
| 어제 | 昨日 | 84 |
| 억 | 億 | 96 |
| 언니 | 姉(←妹) | 63 |
| 언제 | いつ | 51 |
| 얼마 | いくら | 51 |
| 얼마나 | どれぐらい | 120 |
| 없다 | ない、いない | 50, 60 |
| ~에 | ～に | 61, 74 |
| ~에서 | ～で | 74 |
| ~에서~까지 | ～(場所)から～まで | 114 |
| 에어로빅 | エアロビクス | 175 |
| 에어컨 | エアコン | 68 |
| 엔 | 円 | 92 |
| 엔지니어 | エンジニア | 44 |
| 여기 | ここ | 62 |
| 여기 있습니다 | どうぞ(ここにあります) | 92 |
| 여기요 | あの～(呼びかけ) | 92 |
| 여덟 | 八つ、八 | 108 |
| 여동생 | 妹 | 184 |
| 여든 | 八十 | 108 |
| 여러 | さまざまな、いろいろな | 175 |
| 여름 | 夏 | 29 |
| 여섯 | 六つ、六 | 108 |
| 여우 | きつね | 12 |
| 여유 | 余裕 | 12 |
| 여자 | 女子 | 19 |

253

| | | |
|---|---|---|
| 여행하다 | 旅行する | 160 |
| 연구원 | 研究員 | 44 |
| 연두색 | 薄緑色 | 191 |
| 연습 | 練習 | 213 |
| 연예인 | 芸能人 | 163 |
| 연필 | 鉛筆 | 63 |
| 연휴 | 連休 | 214 |
| 열 | 十 | 108 |
| 열다 | 開ける | 61 |
| 열리다 | 開く | 169 |
| 열심히 | 一生懸命 | 106 |
| 열심히 하다 | 頑張る、熱心にやる、 | |
| | 一生懸命する | 110 |
| 열이 나다 | 熱が出る | 146 |
| 영어 | 英語 | 52 |
| 영하 | 氷点下 | 221 |
| 영화 | 映画 | 52 |
| 영화제 | 映画祭 | 223 |
| 옆 | 横、隣、傍 | 29 |
| 예 | はい | 12 |
| 예쁘다 | 綺麗だ | 107 |
| 예순 | 六十 | 108 |
| 예약하다 | 予約する | 150 |
| ~예요/이에요 | ~です | 94 |
| ~예요?/이에요? | ~ですか | 94 |
| 옛날 집 | 古民家 | 223 |
| 오 | 五 | 96 |
| 오늘 | 今日 | 51 |
| 오다 | 来る | 72 |
| 오랜만이에요 | お久しぶりです | 114 |
| 오렌지색 | オレンジ色 | 191 |
| 오른쪽 | 右側 | 62 |
| 오므라이스 | オムライス | 142 |

| | | |
|---|---|---|
| 오빠 | 兄(←妹) | 22 |
| 오이 | きゅうり | 10 |
| 오전 | 午前 | 107 |
| 오해하다 | 誤解する | 182 |
| 오후 | 午後 | 19 |
| 온도 | 温度 | 96 |
| 올해 | 今年 | 107 |
| 옷 | 服 | 29 |
| ~와/과 | ~と | 61 |
| 와인 | ワイン | 117 |
| 왜 | なぜ、どうして | 26 |
| 왜요? | なぜですか | 104 |
| 외롭다 | 寂しい | 88 |
| 왼쪽 | 左側 | 62 |
| ~요?/이요? | ~ですか | 117 |
| 요리 | 料理 | 16 |
| 요리하다 | 料理する | 171 |
| 요일 | 曜日 | 84 |
| 요즘 | この頃 | 146 |
| 우동 | うどん | 130 |
| 우리 | 私達 | 16 |
| 우산 | 傘 | 64 |
| 우유 | 牛乳 | 12 |
| 운동 | 運動 | 129 |
| 운동하다 | 運動する | 75 |
| 운동화 | 運動靴 | 141 |
| 운전 | 運転 | 86 |
| 운전하다 | 運転する | 168 |
| 원 | ウォン | 96 |
| 월 | 月 | 96 |
| 월요일 | 月曜日 | 84 |
| 웨이터 | ウェイター | 26 |
| 위 | 上 | 62 |

| 유머 | ユーモア | 178 |
|---|---|---|
| 유명하다 | 有名だ | 163 |
| 유학 | 留学 | 224 |
| 유행 | 流行 | 146 |
| 육 | 六 | 96 |
| 윷놀이 | ユンノリ | 214 |
| 으변칙용언 | 으変則用言 | 107 |
| ~은/는 | ~は | 40 |
| 은색 | 銀色 | 191 |
| ~은요?/는요? | ~は？ | 85 |
| 은행 | 銀行 | 87 |
| ~을/를 | ~を | 51 |
| 음력 | 陰暦、旧暦 | 214 |
| 음식 | 食べ物 | 120 |
| 음악 | 音楽 | 52 |
| 음악회 | 音楽会 | 160 |
| ~의 | ~の | 62 |
| 의사 | 医者 | 26 |
| 의자 | 椅子 | 63 |
| 이 | この | 62 |
| 이 | 二 | 96 |
| ~이 아니에요/ | ~ではありません | 94 |
| ~가 아니에요 | | |
| ~이/가 | ~が | 60 |
| 이걸로 | これに | 188 |
| 이것 | これ | 62 |
| 이기다 | 勝つ | 182 |
| ~이나/나 | ~か | 128 |
| 이다 | ~である | 40 |
| 이렇다 | こうだ | 193 |
| 이름 | 名前 | 38 |
| 이메일 | メール | 53, 55 |
| 이번 | 今度 | 211 |
| 이번 주 | 今週 | 107 |

| ~이에요/예요 | ~です | 94 |
|---|---|---|
| ~이에요?/예요? | ~ですか | 94 |
| ~이요?/요? | ~ですか | 117 |
| 인기가 있다 | 人気がある | 163 |
| 인사동 | インサドン(仁寺洞) | 164 |
| 인사말 | 挨拶言葉 | 214 |
| 인삼차 | 人参茶 | 142 |
| 일 | 一 | 96 |
| 일 | 日 | 96 |
| 일 | 仕事 | 119 |
| 일(을) 하다 | 仕事をする、働く | 73, 131 |
| 일곱 | 七つ、七 | 108 |
| 일본 | 日本 | 29 |
| 일본 사람 | 日本人 | 41 |
| 일시 | 日時 | 96 |
| 일어나다 | 起きる、目覚める | 111 |
| 일요일 | 日曜日 | 84 |
| 일정 | 日程 | 163 |
| 일찍 | 早く | 110, 116 |
| 일흔 | 七十 | 108 |
| 읽다 | 読む | 53 |
| 잃어버리다 | 無くす | 182 |
| 입 | 口 | 29 |
| ~입니까? | ~ですか | 40 |
| ~입니다 | ~です | 40 |
| 입다 | 着る | 84 |
| 입원하다 | 入院する | 182 |
| 있다 | ある、いる | 29, 60 |
| 잊어버렸다 | 忘れてしまった | 204 |

## ㅈ

| 자다 | 寝る | 17 |
|---|---|---|
| 자동차 | 自動車 | 64 |

| | | |
|---|---|---|
| 자동차 학원 | 自動車学校 | 89 |
| 자료 | 資料 | 150 |
| 자르다 | 切る | 211 |
| 자리 | 席 | 106 |
| 자요 | 寝ます | 23 |
| 자주 | よく、しばしば、 | |
| | たびたび | 185 |
| 작년 | 昨年 | 107 |
| 작다 | 小さい | 159 |
| 잔 | 杯 | 108 |
| 잘 | よく | 80 |
| 잘 먹겠습니다 | いただきます | 136 |
| 잘하다 | 上手だ、得意だ | 178 |
| 잠깐 | ちょっと(の間) | 99 |
| 잠깐만요 | ちょっと待ってください | 114 |
| 잠이 안 오다 | 眠れない | 151 |
| 잡다 | 取る、捕まえる | 84 |
| 잡수시다 | 召し上がる | 138 |
| 잡지 | 雑誌 | 53 |
| 장 | 枚 | 108 |
| 장갑 | 手袋 | 188 |
| 재미없다 | 面白くない | 90 |
| 재미있다 | 面白い | 48 |
| 재즈 | ジャズ | 139 |
| 저 | 私 | 18 |
| 저 | あの | 58 |
| 저 | あの〜、ええっと〜 | 198 |
| 저것 | あれ | 62 |
| 저기 | あそこ | 62 |
| 저녁 | 夕方、夕食 | 107, 127 |
| 저렇다 | あのようだ | 193 |
| 적극적이다 | 積極的だ | 185 |

| | | |
|---|---|---|
| 전에 | 前に、以前に | 107 |
| 전자사전 | 電子辞書 | 99 |
| 전통 놀이 | 伝統的な遊び | 214 |
| 전통 음식 | 伝統料理 | 214 |
| 전통 풍습 | 伝統的なしきたり | 214 |
| 전화번호 | 電話番号 | 98 |
| 전화하다 | 電話する | 116 |
| 점심 | 昼、昼ごはん | 29, 76 |
| 점심시간 | 昼休み | 106 |
| 정말 | 本当に | 139 |
| 제 | 私の | 58 |
| 제일 | 一番、第一 | 146 |
| 제주도 | 済州道 | 164 |
| 조 | 兆 | 96 |
| 조금 전 | 先ほど | 146 |
| 조금만 | 少しだけ | 119 |
| 조용하다 | 静かだ | 131 |
| 졸다 | 居眠りする | 212 |
| 졸업식 | 卒業式 | 185 |
| 졸업하다 | 卒業する | 174 |
| 좀 | ちょっと、少し | 139 |
| 좁다 | 狭い | 84 |
| 좋다 | 良い | 29 |
| 좋아하다 | 好きだ | 73 |
| 죄송하다 | 申し訳ない | 198 |
| 주다 | あげる、くれる | 73, 201 |
| 주말 | 週末 | 74 |
| 주무시다 | お休みになる | 138 |
| 주방 | キッチン | 140 |
| 주사를 맞다 | 注射を打ってもらう | 152 |
| 주세요 | ください | 92 |
| 주소 | 住所 | 119, 204 |
| 주스 | ジュース | 16 |

| | | |
|---|---|---|
| 주차하다 | 駐車する | 150 |
| 주황색 | 朱色 | 191 |
| 죽다 | 死ぬ | 138 |
| 준비하다 | 準備する | 194 |
| ~중 | ~中 | 92 |
| 중국 | 中国 | 42 |
| 중요하다 | 重要だ | 106 |
| ~중이에요 | ~中です | 95 |
| 즐겁다 | 楽しい | 88 |
| ~지 마세요 | ~(し)ないでください | 148 |
| ~지 못하다 | ~(す)ることができない | 168 |
| ~지 않다 | ~(し)ない | 51 |
| 지각(을) 하다 | 遅刻をする | 119, 182 |
| 지갑 | 財布 | 67 |
| 지금 | 今 | 55 |
| 지난 주말 | 先週末 | 89 |
| 지난주 | 先週 | 107 |
| 지도 | 地図 | 18 |
| ~지만 | ~が/~けれども | 127 |
| ~지요? | ~でしょう/ですね | 210 |
| 지우개 | 消しゴム | 64 |
| 지하철 | 地下鉄 | 117 |
| 직접 | 直接 | 184 |
| 진료하다 | 診療する、診察する | 112 |
| 진짜 | 本当に | 114 |
| 질문하다 | 質問する | 172 |
| 집 | 家 | 29 |
| 짜요 | 塩辛いです | 23 |
| 짧다 | 短い | 161 |
| 쭉 | まっすぐ | 203 |
| ~쯤 | ~くらい、~ほど、~頃 | 104 |
| 찌개 | チゲ | 22 |
| 찍다 | 撮る | 53 |

## ㅊ

| | | |
|---|---|---|
| 차 | お茶 | 140 |
| 차례 | 元旦や秋夕に行う祭祀 | 214 |
| 차요 | 蹴ります | 23 |
| 착하다 | 優しい | 185 |
| 창문 | 窓 | 119 |
| 찾다 | (お金を)おろす | 87 |
| 찾다 | 探す | 140 |
| 책 | 本 | 29 |
| 책상 | 机 | 58 |
| 책임감 | 責任感 | 185 |
| 천 | 千 | 96 |
| 천만 | 千万 | 96 |
| 천천히 | ゆっくり | 116 |
| 청바지 | ジーンズ | 158 |
| 청소하다 | 掃除する | 89 |
| 체험하다 | 体験する | 175 |
| 초 | 秒 | 96 |
| 초대 | 招待 | 104 |
| 초록색 | 緑色 | 191 |
| 축구 | サッカー | 130 |
| 축제 | 祭り、フェスティバル | 156 |
| 출구 | 出口 | 200 |
| 출발하다 | 出発する | 149 |
| 춥다 | 寒い | 84 |
| 취미 | 趣味 | 174 |
| 층 | 階 | 96 |
| 치과 | 歯科 | 112 |
| 치다 | (テニスを)する | 77 |
| | (ピアノを)ひく | 171 |
| 치마 | スカート | 21 |
| 치약 | 歯磨き粉 | 100 |

| 치즈 버거 | チーズバーガー | 143 |
|---|---|---|
| 친구 | 友達 | 40 |
| 친절하다 | 親切だ | 120 |
| 칠 | 七 | 96 |
| 침대 | ベッド | 58 |
| 칫솔 | 歯ブラシ | 100 |

## ㅋ

| 카드 | カード | 161 |
|---|---|---|
| 카레 | カレー | 181 |
| 카레라이스 | カレーライス | 142 |
| 카메라 | カメラ | 21 |
| 칼국수 | カルグッス | |
| | (韓国式うどん) | 142 |
| 캐나다 | カナダ | 44 |
| 커피 | コーヒー | 21 |
| 커피숍 | コーヒーショップ | 89 |
| 컴퓨터 | パソコン | 63 |
| 컵라면 | カップラーメン | 100 |
| 켜다 | (火、電気を)つける | 172 |
| 코미디 | コメディー | 129 |
| 코코아 | ココア | 128 |
| 콘서트 | コンサート | 163 |
| 콜라 | コーラ | 99 |
| 크다 | 大きい | 107 |
| 크리스마스 | クリスマス | 163 |
| 클래식 | クラシック | 139 |
| 키가 크다 | 背が高い | 141 |

## ㅌ

| 타다 | 乗る | 140 |
|---|---|---|
| 택시 | タクシー | 172 |
| 테니스를 치다 | テニスをする | 77 |

| 텔레비전 | テレビ | 48 |
|---|---|---|
| 토끼 | ウサギ | 22 |
| 토마토 | トマト | 23 |
| 토스트 | トースト | 164 |
| 토요일 | 土曜日 | 80 |
| 특별하다 | 特別だ | 156 |
| 티셔츠 | Tシャツ | 92 |

## ㅍ

| 파란색 | 青色 | 191 |
|---|---|---|
| 파랗다 | 青い | 193 |
| 파티 | パーティー | 104 |
| 팔 | 八 | 96 |
| 팔다 | 売る | 61 |
| 팩스 | ファックス | 140 |
| 팬 | ファン | 204 |
| 편리하다 | 便利だ | 141 |
| 편의점 | コンビニ | 78 |
| 편지 | 手紙 | 53 |
| 포도 | ブドウ | 23 |
| 포장하다 | 包装する | 85 |
| 표 | チケット、切符 | 183 |
| 푹 | ぐっすり/十分に/すっかり | 152 |
| 푹 쉬다 | ぐっすり休む/ゆっくり休む | 152 |
| 프로그램 | プログラム | 175 |
| 피곤하다 | 疲れる | 116 |
| 피아노를 치다 | ピアノをひく | 149 |
| 피자 | ピザ | 142 |
| 필리핀 | フィリピン | 44 |
| 핑크색 | ピンク色 | 191 |

## ㅎ

| ㅎ변칙용언 | ㅎ変則用言 | 191 |
|---|---|---|
| ~하고 | ~と | 95 |

| 하나 | 一つ | 16 |
|---|---|---|
| 하늘색 | 空色、水色 | 191 |
| 하다 | する | 53 |
| 하루 종일 | 一日中 | 107 |
| 하마 | カバ | 18 |
| 하얀색 | 白色 | 191 |
| 하얗다 | 白い | 191 |
| 학교 | 学校 | 29 |
| 학생 | 学生 | 29 |
| 학원 | 塾 | 89 |
| 한 | 一つの | 108 |
| 한국 | 韓国 | 42 |
| 한국 사람 | 韓国人 | 45 |
| 한국말 | 韓国語 | 211 |
| 한국어 | 韓国語 | 51 |
| 한글 | ハングル(文字) | 172 |
| 한복 | チマチョゴリ(女性の韓服) | 141 |
| 한잔하러 가다 | 一杯飲みに行く | 151 |
| ~한테 | ~に | 166 |
| 할머니 | お祖母さん | 140 |
| 할아버지 | お祖父さん | 140 |
| 할인 | 割引 | 200 |
| 할인이 되다 | 割引が効く、割引される | 200 |
| 항상 | 常に | 107 |
| 해외여행 | 海外旅行 | 205 |
| 핸드폰 | 携帯 | 65 |
| 핸들 | ハンドル | 215 |
| 햄버거 | ハンバーガー | 99 |
| 형 | 兄(←弟) | 97 |
| 형제 | 兄弟 | 213 |
| 호수 | 湖 | 16 |
| 호텔 | ホテル | 150 |
| 홈스테이 | ホームステイ | 182 |

| 홍차 | 紅茶 | 29 |
|---|---|---|
| 화요일 | 火曜日 | 84 |
| 화장실 | トイレ | 162 |
| 확인하다 | 確認する | 190 |
| 활발하다 | 活発だ | 185 |
| 회 | 回 | 96 |
| 회사 | 会社 | 26 |
| 회사원 | 会社員 | 42 |
| 회색 | 灰色 | 191 |
| 후 | 後 | 151 |
| 휴대폰 | 携帯 | 150 |
| 휴일 | 休日 | 221 |
| 휴지 | トイレットペーパー | 18 |
| 흐르다 | 流れる | 211 |
| 흰색 | 白色 | 194 |
| 힘들다 | 疲れる、しんどい、大変だ | 119 |
| DVD | DVD | 87 |
| KTX | 韓国版新幹線 | 141 |

259

# 日韓単語リスト

| あ | | |
|---|---|---|
| 挨拶言葉 | 인사말 | |
| アイスクリーム | 아이스크림 | |
| 間 | 사이 | |
| 会う | 만나다 | |
| 青い | 파랗다 | |
| 青色 | 파란색 | |
| 赤い | 빨갛다 | |
| 赤色 | 빨간색 | |
| 明るい | 밝다 | |
| 明けましておめでとうございます | | |
| | 새해 복 많이 받으세요 | |
| 開ける | 열다 | |
| あげる | 주다 | |
| 朝 | 아침 | |
| 明後日 | 모레 | |
| 足 | 발 | |
| 脚 | 다리 | |
| 味 | 맛 | |
| 明日 | 내일 | |
| あそこ | 저기 | |
| 遊ぶ | 놀다 | |
| 温かい | 따뜻하다 | |
| 暖かい | 따뜻하다 | |
| 頭 | 머리 | |
| 暑い | 덥다 | |
| 熱い | 뜨겁다 | |
| 集める | 모으다 | |
| 後 | 후 | |
| 後で | 나중에 | |
| あなた | 너 | |

| 兄(←妹) | 오빠 |
|---|---|
| 兄(←弟) | 형 |
| 姉(←妹) | 언니 |
| 姉(←弟) | 누나 |
| あの | 저 |
| あの〜 | 저 |
| あの〜(呼びかけ) | 여기요 |
| あのようだ | 저렇다 |
| あまりにも | 너무 |
| 雨 | 비 |
| 雨が降る | 비가 오다 |
| アメリカ | 미국 |
| 有り難い | 고맙다 |
| 有り難うございます | |
| | 감사합니다, |
| | 고마워요, |
| | 고맙습니다 |
| ある | 있다 |
| 歩いて行く | 걸어가다 |
| 歩く | 걷다 |
| アルバイトをする | |
| | 아르바이트하다 |
| あれ | 저것 |
| 案内する | 안내하다 |
| いいえ | 아뇨, 아니요 |
| 言う | 말하다 |
| 家 | 집 |
| 行く | 가다 |
| いくつ | 몇 |
| いくら | 얼마 |
| 意思 | 〜겠〜① |

| 医者 | 의사 |
|---|---|
| 椅子 | 의자 |
| 以前に | 전에 |
| 忙しい | 바쁘다 |
| 痛い | 아프다 |
| いただきます | 잘 먹겠습니다 |
| 一 | 일 |
| 一日中 | 하루 종일 |
| 一番 | 제일, 가장 |
| いつ | 언제 |
| 一生懸命 | 열심히 |
| 一生懸命する | 열심히 하다 |
| 一緒に | 같이 |
| 五つ | 다섯 |
| 行って来る | 갔다오다 |
| 一杯飲みに行く | 한잔하러 가다 |
| いない | 없다 |
| 犬 | 개 |
| 居眠りする | 졸다 |
| 今 | 지금 |
| 妹 | 여동생, 동생, |
| | 아우 |
| いらっしゃいませ | |
| | 어서 오세요 |
| いらっしゃらない | |
| | 안 계시다 |
| いらっしゃる | 계시다 |
| いる | 있다 |
| 色 | 색깔 |
| いろいろな | 여러가지, 여러 |

260

| | | | | | | |
|---|---|---|---|---|---|
| インサドン(仁寺洞) | | エアロビクス | 에어로빅 | お喋りする | 떠들다 |
| | 인사동 | 映画 | 영화 | お正月 | 설날 |
| インフルエンザ | 독감 | 映画館 | 극장, 영화관 | 遅い | 늦다 |
| 陰暦 | 음력 | 映画祭 | 영화제 | 遅く | 늦게 |
| 上 | 위 | 英語 | 영어 | おそらく | 아마 |
| ウェイター | 웨이터 | ええっと〜 | 저 | お茶 | 차 |
| ウォン | 원 | 描く | 그리다 | おっしゃる | 말씀하다 |
| 受け取る | 받다 | 選ぶ | 고르다 | 音 | 소리 |
| ウサギ | 토끼 | 円 | 엔 | お父さん | 아버지 |
| 後ろ | 뒤 | エンジニア | 엔지니어 | 弟 | 남동생, 동생, |
| 薄緑色 | 연두색 | 鉛筆 | 연필 | | 아우 |
| 嘘をつく | 거짓말을 하다 | お会いできて嬉しいです | | お年玉 | 세뱃돈 |
| 歌 | 노래 | | 만나서 반갑습니다 | 大人 | 어른 |
| 歌う | 노래하다, | おいしい | 맛있다 | 驚く | 놀라다 |
| | (노래)부르다 | 美味しくお召し上がりください | | 音をたてる | 소리를 내다 |
| 内 | 속 | | 맛있게 드세요 | お亡くなりになる | |
| 美しい | 아름답다 | おいしくない | 맛없다 | | 돌아가시다 |
| 器 | 그릇 | 終える | 끝내다 | お祖母さん | 할머니 |
| うどん | 우동 | 多い | 많다 | お話 | 말씀 |
| ㅇ変則用言 | ㅇ변칙용언 | 大きい | 크다 | おはようございます | |
| 海 | 바다 | お母さん | 어머니 | | 안녕하세요 |
| うらやましい | 부럽다 | お菓子 | 과자 | お久しぶりです | 오랜만이에요 |
| 売る | 팔다 | お金 | 돈 | お風呂に入る | 목욕하다 |
| うるさい | 시끄럽다 | 起きる | 일어나다 | お弁当 | 도시락 |
| 嬉しい | 기쁘다 | 置く | 놓다 | お土産 | 선물 |
| (会えて)うれしい | 반갑다 | 奥 | 속, 안 | オムライス | 오므라이스 |
| 運転 | 운전 | 億 | 억 | 重い | 무겁다 |
| 運転する | 운전하다 | 送る | 보내다 | 面白い | 재미있다 |
| 運動 | 운동 | 遅れる | 늦다 | 面白くない | 재미없다 |
| 運動靴 | 운동화 | お言葉 | 말씀 | お休みになる | 주무시다 |
| 運動する | 운동하다 | お酒 | 술 | 泳ぐ | 수영하다 |
| 絵 | 그림 | お祖父さん | 할아버지 | オレンジ色 | 오렌지색 |
| エアコン | 에어컨 | 教える | 가르치다 | (お金を)おろす | (돈을)찾다 |

| | | | | | |
|---|---|---|---|---|---|
| 終わり | 끝 | 傘 | 우산 | 軽い | 가볍다 |
| 終わる | 끝나다 | 貸してくれる | 빌려주다 | カルグッス (韓国式うどん) | |
| 音楽 | 음악 | 歌手 | 가수 | | 칼국수 |
| 音楽会 | 음악회 | 風邪を引く | 감기에 걸리다 | カルビ | 갈비 |
| 温度 | 온도 | 方(人の尊敬) | 분 | カレー | 카레 |

### か

| | | | | | |
|---|---|---|---|---|---|
| 課 | 과 | 勝つ | 이기다 | カレーライス | 카레라이스 |
| ～か | ～나/이나 | 月 | 월 | 川 | 강 |
| ～が | ～가/이 | 学校 | 학교 | 巻 | 권 |
| ～が(尊敬) | ～께서 | 褐色 | 갈색 | 考え | 생각 |
| ～が | ～지만 | 活発だ | 활발하다 | 韓国 | 한국 |
| カード | 카드 | カップラーメン | 컵라면 | 韓国語 | 한국말, |
| 階 | 층 | 家庭 | 가정 | | 한국어 |
| 回 | 회 | 悲しい | 슬프다 | 韓国人 | 한국 사람, |
| 海外旅行 | 해외여행 | カナダ | 캐나다 | | 한국인 |
| 会社 | 회사 | 必ず | 반드시, 꼭 | 韓国版新幹線 | KTX |
| 会社員 | 회사원 | 金持ち | 부자 | 看護師 | 간호사 |
| 買います | 사요 | カバ | 하마 | 感謝します | 감사합니다 |
| 買う | 사다 | かばん | 가방 | 感謝する | 감사하다 |
| 飼う | 기르다 | (帽子)かぶる | (모자를)쓰다 | 勘定する | 계산하다 |
| 帰って来る | 돌아오다 | ガム | 껌 | 元旦や秋夕に行う祭祀 | |
| 帰る | 돌아오다, | カメラ | 카메라 | | 차례 |
| | 돌아가다 | かゆい | 가렵다 | 頑張る | 열심히 하다 |
| 換える | 바꾸다 | 通う | 다니다 | 木 | 나무 |
| かかる | 걸리다 | 火曜日 | 화요일 | 黄色 | 노란색 |
| 書きます | 써요 | ～から | ～니까/으니까, | 黄色い | 노랗다 |
| 書く | 쓰다 | | ～아서/어서/여서 | 聞く | 듣다 |
| 家具 | 가구 | ～から～まで | ～부터～까지 | 帰省 | 귀성 |
| 学生 | 학생 | 辛い | 맵다 | ギター | 기타 |
| 確認する | 확인하다 | カラオケ | 노래방 | 期待する | 기대하다 |
| かける | 걸다 | 体 | 몸 | キッチン | 주방, 부엌 |
| (眼鏡を)かける | (안경을)쓰다 | ～(場所)から～まで | | きっと | 반드시 |
| | | | ～에서～까지 | きつね | 여우 |
| | | 借りる | 빌리다 | 切符 | 표 |

| | | | | | | |
|---|---|---|---|---|---|
| 気に入る | マ음에 들다 | 靴 | 구두 | 公演 | 공연 |
| キムチ | 김치 | くつ(履物) | 신발 | 公園 | 공원 |
| キムチチゲ | 김치찌개 | ぐっすり | 푹 | 公演場 | 공연장 |
| キムチチャーハン | | ぐっすり休む | 푹 쉬다 | 交換する | 바꾸다, 교환하다 |
| | 김치볶음밥 | くつろぐ | 쉬다 | 交換留学生 | 교환 유학생 |
| キムバップ(海苔巻き) | | 国 | 나라 | 高校生 | 고등학생 |
| | 김밥 | ～くらい | -쯤 | 合コン | 소개팅 |
| 九 | 구, 아홉 | 暮らす | 살다 | 交差点 | 네거리 |
| 休日 | 휴일 | クラシック | 클래식 | こうだ | 이렇다 |
| 九十 | 아흔 | クリスマス | 크리스마스 | 紅茶 | 홍차 |
| 牛乳 | 우유 | 来る | 오다 | コーヒー | 커피 |
| きゅうり | 오이 | くれる | 주다 | コーヒーショップ | |
| 旧暦 | 음력 | 黒い | 까맣다 | | 커피숍 |
| 今日 | 오늘 | 黒色 | 검은색, 검정색, | コーラ | 콜라 |
| 餃子 | 만두 | | 까만색 | 誤解する | 오해하다 |
| 教室 | 교실 | 計画 | 계획 | 故郷 | 고향 |
| 兄弟 | 형제 | 継続 | 계속 | 国際交流課 | 국제교류과 |
| 景福宮 | 경복궁 | 携帯 | 핸드폰, 휴대폰 | ここ | 여기 |
| 嫌いだ | 싫어하다 | 芸能人 | 연예인 | 午後 | 오후 |
| 着る | 입다 | ゲーム | 게임 | ココア | 코코아 |
| 切る | 자르다 | 形容詞の連体形 | ～ㄴ/은 | 九つ | 아홉 |
| きれいだ(清潔だ) | 깨끗하다 | 景色 | 경치 | 心 | 마음 |
| 綺麗だ | 예쁘다 | 消しゴム | 지우개 | 五十 | 오십, 쉰 |
| 金色 | 금색 | 欠席をする | 결석을 하다 | 午前 | 오전 |
| 銀色 | 은색 | 月曜日 | 월요일 | 今年 | 올해, 금년 |
| 銀行 | 은행 | 蹴ります | 차요 | 異なる | 다르다 |
| 金曜日 | 금요일 | ～けれども | ～지만 | 子供 | 아이 |
| 空気 | 공기 | 研究員 | 연구원 | この | 이 |
| 薬 | 약 | 健康 | 건강 | この頃 | 요즘 |
| 薬を飲む | 약을 먹다 | 健康だ | 건강하다 | ご飯 | 밥 |
| ください | 주세요 | 見物する | 구경하다 | コピーする | 복사하다 |
| 果物ジュース | 과일주스 | 個 | 개 | ゴミ | 쓰레기 |
| 口 | 입 | 五 | 다섯, 오 | 古民家 | 옛날 집 |

| | | | |
|---|---|---|---|
| コメディー | 코미디 | | 안녕히 가세요 |
| これ | 이것 | 騒がしい | 시끄럽다 |
| これに | 이걸로 | 騒ぐ | 떠들다 |
| 〜頃 | 〜쯤 | 三 | 삼, 셋, 세 |
| コンサート | 콘서트 | 〜さん | 〜씨 |
| 今週 | 이번 주 | 三十 | 삼십, 서른 |
| 今度 | 이번 | サンドイッチ | 샌드위치 |
| こんにちは | 안녕하세요 | 散歩する | 산책하다 |
| こんばんは | 안녕하세요 | 時 | 시 |
| コンビニ | 편의점 | 試合 | 시합 |

## さ

| | | | |
|---|---|---|---|
| サークル | 서클, 동아리 | 塩辛いです | 짜요 |
| サークル活動 | 서클 활동, | 歯科 | 치과 |
| | 동아리 활동 | 時間 | 시간 |
| 才 | 살 | 試験を受ける | 시험을 보다 |
| サイズ | 사이즈 | 仕事 | 일 |
| サイダー | 사이다 | 仕事をする | 일(을) 하다 |
| 再度 | 다시 한번 | 静かだ | 조용하다 |
| 財布 | 지갑 | 下 | 밑, 아래 |
| サインする | 사인하다 | 実家 | 고향 |
| 探す | 찾다 | 質問する | 질문하다 |
| 先に | 먼저 | 失礼します | 실례합니다 |
| 先ほど | 아까, 조금 전 | 失礼する | 실례하다 |
| 昨日 | 어제 | 自動車 | 자동차 |
| 昨年 | 작년 | 自動車学校 | 자동차 학원 |
| (傘を)さす | (우산을)쓰다 | 〜(し)ない | 안 〜, 〜지 않다 |
| 冊 | 권 | 品物 | 물건 |
| サッカー | 축구 | 死ぬ | 죽다 |
| 雑誌 | 잡지 | しばしば | 자주, 종종 |
| 寂しい | 외롭다 | 閉める | 닫다 |
| さまざまな | 여러 | 地元 | 고향 |
| 寒い | 춥다 | 社会 | 사회 |
| さようなら(相手が去る時) | | 写真 | 사진 |
| | | 写真撮影 | 사진 찍기 |

| | |
|---|---|
| ジャズ | 재즈 |
| 借金 | 빚 |
| シャワー | 샤워 |
| シャンプー | 샴푸 |
| 朱色 | 주황색 |
| 十 | 십, 열 |
| 住所 | 주소 |
| 十字路 | 네거리, 사거리 |
| ジーンズ | 청바지 |
| ジュース | 주스 |
| 十分に | 푹, 충분히 |
| 週末 | 주말 |
| 十万 | 십만 |
| 重要だ | 중요하다 |
| 授業 | 수업 |
| 塾 | 학원 |
| 宿題 | 숙제 |
| 出発する | 출발하다 |
| 首都 | 수도 |
| 趣味 | 취미 |
| 準備する | 준비하다 |
| 賞 | 상 |
| 紹介する | 소개하다 |
| 上手だ | 잘하다 |
| 小説 | 소설 |
| 小説の本 | 소설책 |
| 招待 | 초대 |
| 焼酎 | 소주 |
| 商品 | 상품 |
| 食事 | 식사 |
| 食事作法 | 식사 예절 |
| 食堂 | 식당 |
| 女子 | 여자 |

| | | | | | | |
|---|---|---|---|---|---|---|
| ショッピング | 쇼핑 | ずっと | 계속 | 千 | 천 | |
| ショッピングする | | ステーキ | 스테이크 | 先週 | 지난주 | |
| | 쇼핑하다 | すでに | 벌써, 이미 | 先週末 | 지난 주말 | |
| 書店 | 서점 | 捨てる | 버리다 | センスがある | 세련되다 | |
| 知らない | 모르다 | スパゲッティ | 스파게티 | 先生 | 선생님 | |
| 資料 | 자료 | スプーン | 숟가락 | 洗濯する | 빨래하다, | |
| 知る | 알다 | すべて | 모두 | | 세탁하다 | |
| 白い | 하얗다 | スポーツセンター | | 先輩 | 선배 | |
| 白色 | 하얀색, 흰색 | | 스포츠 센터 | 全部で | 모두 | |
| 新幹線 | 신칸센 | ズボン | 바지 | 千万 | 천만 | |
| 診察する | 진료하다 | 住む | 살다 | 洗練される | 세련되다 | |
| 申請する | 신청하다 | する | 하다 | 掃除する | 청소하다 | |
| 親切だ | 친절하다 | (テニスを)する | (테니스를)치다 | そうだ | 그렇다 | |
| しんどい | 힘들다 | ～(す)ることができない | | そうですか | 그래요? | |
| 新年のご挨拶 | 세배 | ㄹ/을 수 없다, 못 ～, ～지 못하다 | | ソウル | 서울 | |
| 新聞 | 신문 | 座る | 앉다 | ソウル駅 | 서울역 | |
| 診療する | 진료하다 | スンドゥブチゲ(豆腐チゲ) | | そこ | 거기 | |
| 水泳 | 수영 | | 순두부찌개 | 卒業式 | 졸업식 | |
| 水泳をする | 수영하다 | 性格 | 성격 | 卒業する | 졸업하다 | |
| 推測 | ～겠～② | 生活 | 생활 | 外 | 밖 | |
| 水道 | 수도 | 誠実だ | 성실하다 | その | 그 | |
| 水曜日 | 수요일 | 成人 | 성인 | その日 | 그날 | |
| 推量 | ～겠～② | セーター | 스웨터 | 傍 | 옆 | |
| 数学 | 수학 | セール | 세일 | 空色 | 하늘색 | |
| スカート | 치마 | 世界文化遺産 | 세계 문화유산 | それ | 그것 | |
| スカーフ | 스카프 | 背が高い | 키가 크다 | 尊敬 | ～시/으시～ | |
| スキー | 스키 | 席 | 자리 | 尊敬過去 | ～셨/으셨～ | |
| 好きだ | 좋아하다 | 咳が出る | 기침이 나다 | | | |

### た

| | | | |
|---|---|---|---|
| (腹が)すく | 고프다 | 責任感 | 책임감 |
| すぐ | 곧, 당장 | 積極的だ | 적극적이다 |
| 少し | 좀 | セット | 세트 |
| 少しだけ | 조금만 | ぜひ | 꼭 |
| すっかり | 푹 | 狭い | 좁다 |

| | |
|---|---|
| ～た(過去形) | ～았/었/였～ |
| ～(し)たい | ～고 싶다 |
| 台 | 대 |
| 第一 | 제일 |

265

| | | | | | |
|---|---|---|---|---|---|
| ダイエットする | 다이어트하다 | 済州道 | 제주도 | 作る | 만들다 |
| 大学生 | 대학생 | 近い | 가깝다 | (火、電気を)つける | |
| 体験する | 체험하다 | 違う | 다르다 | | 켜다 |
| 大丈夫だ | 괜찮다 | 地下鉄 | 지하철 | 続けて | 계속 |
| 大変だ | 힘들다 | チゲ | 찌개 | 常に | 항상 |
| 絶えず | 계속 | チケット | 표, 티켓 | 冷たい | 시원하다 |
| ～だが | ～ㄴ데/은데/는데 | 遅刻をする | 지각(을) 하다 | 手 | 손 |
| 高い | 높다 | 地図 | 지도 | ～(し)て | ～고, |
| (値段が)高い | 비싸다 | (簡単な)地図、略図 | | | ～아서/어서/여서 ①, |
| たくさん | 많이 | | 약도 | | ～아서/어서/여서 ② |
| タクシー | 택시 | ちび | 꼬마 | ～で | ～로/으로, |
| ～(し)たことがある | | チマチョゴリ(女性の韓服) | | | ～에서, ～고 |
| | ～ㄴ/은 적이 있다 | | (여성)한복 | ～(し)てあげる | ～아/어/여 주다 |
| ～(し)たことがない | | チュー | 뽀뽀 | ～である | 이다 |
| | ～ㄴ/은 적이 없다 | ～中 | ～중 | ㄷ変則用言 | ㄷ변칙용언 |
| 尋ねる | 묻다 | 中国 | 중국 | Tシャツ | 티셔츠 |
| 直ちに | 당장 | 駐車する | 주차하다 | DVD | DVD |
| ～達(複数) | ～들 | 注射を打ってもらう | | ～(し)ている | ～고 있다 |
| 立つ | 서다 | | 주사를 맞다 | デート | 데이트 |
| 楽しい | 즐겁다 | ～中です | ～중이에요 | テーマパーク | 놀이공원 |
| タバコを吸う | 담배를 피우다 | 兆 | 조 | 手紙 | 편지 |
| たびたび | 자주 | 朝食 | 아침 | ～(し)てください | |
| 多分 | 아마 | 直接 | 직접 | | ～세요/으세요, |
| 食べ物 | 음식 | ちょっと | 좀 | | ～십시오/으십시오, |
| 食べる | 먹다 | ちょっと(の間) | 잠깐 | | ～아/어/여 주세요 |
| ～たら | ～면/으면 | ちょっと待ってください | | 出口 | 출구 |
| ～(し)たり | ～거나 | | 잠깐만요, | ～(し)てくれる | ～아/어/여 주다 |
| 誰 | 누구 | | 잠시만 기다려 주세요 | デザイナー | 디자이너 |
| 誰が | 누가 | 使う | 사용하다, 쓰다 | デザイン | 디자인 |
| だれも | 아무도 | 捕まえる | 잡다 | ～でしょう | ～지요? |
| 誕生日 | 생일 | 疲れる | 피곤하다, 힘들다 | ～でしょうか | ～ㄹ까요?/을까요? ② |
| 小さい | 작다 | 月 | 월 | ～です | ～아요/어요/여요, |
| チーズバーガー | 치즈 버거 | 机 | 책상 | | ～예요/이에요, |

| | |
|---|---|
| ～입니다, | |
| | ～ㅂ니다/습니다 |
| ～ですか | ～아요?/어요?/여요?, |
| | ～예요?/이에요?, |
| | ～요?/이요?, |
| | ～입니까?, |
| | ～ㅂ니까?/습니까? |
| ～ですね | ～군요, ～네요, |
| | ～지요? |
| 手帳 | 수첩 |
| 手伝ってあげる | 도와주다 |
| 手伝ってくれる | 도와주다 |
| テニスをする | 테니스를 치다 |
| 手に持つ | 손에 들다 |
| では | 그럼 |
| デパート | 백화점 |
| ～ではありません | |
| | ～가 아니에요/이 아니에요, |
| | ～가 아닙니다/이 아닙니다 |
| ～(し)てはいけない | |
| | ～면/으면 안 되다 |
| 手袋 | 장갑 |
| ～(し)てみてもいい | |
| | ～아/어/여 봐도 되다 |
| ～(し)てみる | ～아/어/여 보다 |
| ～(し)てもいい | |
| | ～아/어/여도 되다 |
| 出る | 나가다, 나오다 |
| テレビ | 텔레비전 |
| 天気 | 날씨 |
| 電子辞書 | 전자사전 |
| 伝統的な遊び | 전통 놀이 |
| 伝統的なしきたり | |

| | |
|---|---|
| | 전통 풍습 |
| 伝統料理 | 전통 음식 |
| 電話する | 전화하다 |
| 電話番号 | 전화번호 |
| ～と | ～과/와, ～하고 |
| 度 | 도 |
| ～と | ～면/으면 |
| ドア | 문 |
| ドイツ | 독일 |
| ドイツ語 | 독일어 |
| トイレ | 화장실 |
| トイレットペーパー | |
| | 휴지 |
| 問う | 묻다 |
| どういう | 무슨 |
| 動詞過去連体形 | ～ㄴ/은 |
| 動詞現在連体形 | ～는 |
| 動詞未来連体形 | ～ㄹ/을 |
| 陶磁器 | 도자기 |
| どうして | 왜 |
| どうぞ(ここにあります) | |
| | 여기 있습니다 |
| どうだ | 어떻다 |
| 到着する | 도착하다 |
| どうでしたか | 어땠어요? |
| どうですか | 어때요? |
| 豆腐 | 두부 |
| 登録する | 등록하다 |
| 遠い | 멀다 |
| トースト | 토스트 |
| 通り | 거리 |
| 時 | 때 |
| 得意だ | 잘하다 |

| | |
|---|---|
| 特別だ | 특별하다 |
| 時計 | 시계 |
| どこ | 어디 |
| どこで | 어디서 |
| 所 | 곳 |
| ところで | 그런데 |
| 歳 | 나이, 살 |
| 年 | 년 |
| 都市 | 도시 |
| 図書館 | 도서관 |
| どちら | 어느 쪽 |
| トック | 떡국 |
| トッポッキ | 떡볶이 |
| とても | 너무, 아주 |
| 隣 | 옆 |
| どの | 어느 |
| 飛ぶ | 날다 |
| トマト | 토마토 |
| 友達 | 친구 |
| 土曜日 | 토요일 |
| ドラマ | 드라마 |
| 鳥 | 새 |
| 取り換える | 바꾸다 |
| 取ります | 따요 |
| 撮る | 찍다 |
| ドル | 달러 |
| 取る | 잡다 |
| どれ | 어느 것 |
| どれぐらい | 얼마나 |
| トンカツ | 돈가스 |
| どんな | 어떤, 무슨 |

## な

| ～ない | ～지 않다, 안 ～ |
|---|---|
| ない | 없다 |
| ～(し)ない | ～지 않다, 안～ |
| ～(し)ないでください | |
| | ～지 마세요 |
| 中 | 안, 속 |
| 長い | 길다 |
| ～(し)ながら | ～면서/으면서 |
| 流れる | 흐르다 |
| 無くす | 잃어버리다 |
| ～(し)なければならない | |
| | ～아/어/여야 하다 |
| なぜ | 왜 |
| なぜですか | 왜요? |
| 夏 | 여름 |
| 七 | 일곱, 칠 |
| 七十 | 칠십, 일흔 |
| 七つ | 일곱 |
| 何 | 무엇, 뭐, 몇 |
| 何になさいますか | |
| | 뭘 드릴까요? |
| 何も | 아무것도 |
| 何を | 무엇을, 뭘 |
| 名前 | 이름 |
| 習う | 배우다 |
| 何月 | 몇 월 |
| 何日 | 며칠 |
| 何の | 무슨 |
| 何番 | 몇 번 |
| 何名様 | 몇 분 |
| 何曜日 | 무슨 요일 |

| ～に(尊敬) | ～께 |
|---|---|
| ～(し)に | ～러/으러 |
| ～に | ～에, ～한테 |
| 二 | 이 |
| 似合う | 어울리다 |
| 肉 | 고기 |
| 二十 | 이십, 스물 |
| 偽物 | 가짜 |
| 日 | 일 |
| 日時 | 일시 |
| 日曜日 | 일요일 |
| 日程 | 일정 |
| 日本 | 일본 |
| 日本人 | 일본 사람, |
| | 일본인 |
| 入院する | 입원하다 |
| ニュース | 뉴스 |
| 人気がある | 인기가 있다 |
| 人参茶 | 인삼차 |
| 値切る | 깎다 |
| 猫 | 고양이 |
| 熱が出る | 열이 나다 |
| 熱心にやる | 열심히 하다 |
| 寝坊をする | 늦잠을 자다 |
| 寝ます | 자요 |
| 眠れない | 잠이 안 오다 |
| 寝る | 자다 |
| ～の | ～의 |
| 能力 | 능력 |
| ノート | 노트 |
| ～ので | ～ㄴ데/은데/는데, |
| | ～니까/으니까, |

| | ～아서/어서/여서 ② |
|---|---|
| 喉 | 목 |
| 飲む | 마시다 |
| のり | 김 |
| 乗り換える | 갈아타다 |
| 乗る | 타다 |

## は

| ～は(尊敬) | ～께서는 |
|---|---|
| ～は | ～는/은 |
| ～(れ)ば | ～면/으면 |
| ～は？ | ～는요?/은요? |
| パーティー | 파티 |
| はい | 네, 예 |
| 杯(丼) | 그릇 |
| 杯 | 잔 |
| 灰色 | 회색 |
| 入って行く | 들어가다 |
| 入って来る | 들어오다 |
| 入る | 들어가다, |
| | 들어오다 |
| (靴を)履く | 신다 |
| ～泊～日 | ～박 ～일 |
| 橋 | 다리 |
| バス | 버스 |
| バスケットボール | |
| | 농구 |
| パソコン | 컴퓨터 |
| 肌色 | 살색 |
| 働く | 일(을) 하다 |
| 八 | 여덟, 팔 |
| 八十 | 팔십, 여든 |
| 発音 | 발음 |

268

| | | | | | |
|---|---|---|---|---|---|
| 花 | 꽃 | 百万 | 백만 | プレゼント | 선물 |
| 話す | 말하다 | 秒 | 초 | プレゼントする | 선물하다 |
| バナナ | 바나나 | 病院 | 병원 | プログラム | 프로그램 |
| 歯ブラシ | 칫솔 | 氷点下 | 영하 | 分 | 분 |
| 歯磨き粉 | 치약 | 開く | 열리다 | 文化 | 문화 |
| 早い | 빠르다 | 昼 | 낮, 점심 | 文化センター | 문화 센터 |
| バレーボール | 배구 | ビル | 빌딩 | ～へ | ～로/으로 |
| 晩 | 밤 | 昼ごはん | 점심 | ベージュ色 | 베이지색 |
| 番 | 번 | 昼休み | 점심시간 | ～(す)べきである | |
| パン | 빵 | 広い | 넓다 | | ～아/어/여야 하다 |
| ハングル(文字) | 한글 | 瓶 | 병 | 別だ | 다르다 |
| 番号 | 번호 | ピンク色 | 분홍색, 핑크색 | ベッド | 침대 |
| ハンドル | 핸들 | ファックス | 팩스 | ベトナム | 베트남 |
| ハンバーガー | 햄버거 | ファン | 팬 | 部屋 | 방 |
| ピアノをひく | 피아노를 치다 | フィリピン | 필리핀 | 勉強する | 공부하다 |
| ビール | 맥주 | フェスティバル | 축제 | 便利だ | 편리하다 |
| ㅂ変則用言 | ㅂ변칙용언 | 服 | 옷 | 帽子 | 모자 |
| ㅎ変則用言 | ㅎ변칙용언 | 豚 | 돼지 | 包装する | 포장하다 |
| 東(側) | 동쪽 | 再び | 다시 한번 | ホームステイ | 홈스테이 |
| 匹 | 마리 | 二つ | 둘 | ボールペン | 볼펜 |
| (ピアノを)ひく | (피아노)치다 | 二つの | 두 | ホテル | 호텔 |
| 低い | 낮다 | 普通 | 보통 | ～ほど | ～쯤 |
| 飛行機 | 비행기 | 物価 | 물가 | 本(瓶を数える時) | 병 |
| ビザ | 비자 | ブドウ | 포도 | 本 | 책 |
| ピザ | 피자 | 太っている | 뚱뚱하다 | 本当に | 정말, 진짜 |
| 左側 | 왼쪽 | 船 | 배 | 本屋 | 서점 |
| びっくりする | 놀라다 | 不便だ | 불편하다 | | |

| | ま | |
|---|---|---|

| | | | | | |
|---|---|---|---|---|---|
| 人 | 사람 | 冬 | 겨울 | | |
| 一つ | 하나 | プルゴギ(韓国の焼肉) | | 枚 | 장 |
| 一つの | 한 | | 불고기 | 毎週 | 매주 |
| ビビンパ | 비빔밥 | | | 毎年 | 매년 |
| 秘密 | 비밀 | プルゴギバーガー | | 毎日 | 매일 |
| 百 | 백 | | 불고기 버거 | 前 | 앞 |

| | |
|---|---|
| 前に | 전에 |
| 曲がっていく | 돌아가다 |
| 真面目だ | 성실하다 |
| 〜(し)ましょう | 〜ㅂ시다/읍시다 |
| 〜(し)ましょうか | |
| | 〜ㄹ까요?/을까요? ① |
| 〜(し)ます | 〜ㄹ게요/을게요, |
| | 〜ㅂ니다/습니다, |
| | 〜아요/어요/여요 |
| 〜(し)ますか | 〜ㅂ니까?/습니까?, |
| | 〜아요?/어요?/여요? |
| また | 또 |
| まだ | 아직 |
| 町がきれいだ | 거리가 깨끗하다 |
| 待つ | 기다리다 |
| まっすぐ | 똑바로, 쭉 |
| 祭り | 축제 |
| 窓 | 창문 |
| 学ぶ | 배우다 |
| 万 | 만 |
| 見える | 보이다 |
| 右側 | 오른쪽 |
| 短い | 짧다 |
| 水 | 물 |
| 水色 | 하늘색 |
| 湖 | 호수 |
| 店 | 가게 |
| 見せる | 보이다 |
| 味噌チゲ | 된장찌개 |
| 道 | 길 |
| 三つ | 셋 |
| 三つの | 세 |
| 緑色 | 녹색, 초록색 |

| | |
|---|---|
| 耳 | 귀 |
| ミュージカル | 뮤지컬 |
| ミョンドン(明洞) | |
| | 명동 |
| 見る | 보다 |
| 難しい | 어렵다 |
| 六つ | 여섯 |
| 紫色 | 보라색 |
| 無理する | 무리하다 |
| 無料 | 무료 |
| 目 | 눈 |
| 名 | 명 |
| 目上の人 | 어른 |
| メートル | 미터 |
| メール | 이메일 |
| 目覚める | 일어나다, |
| | 잠이 깨다 |
| 召し上がる | 드시다, |
| | 잡수시다 |
| メニュー | 메뉴 |
| メモ | 메모 |
| メモする | 메모하다 |
| 〜も | 〜도 |
| もう | 벌써 |
| もう一度 | 다시 한번 |
| 申し訳ない | 죄송하다 |
| 木曜日 | 목요일 |
| 勿論 | 물론 |
| もっと | 더 |
| 最も | 가장 |
| もの | 물건 |
| もらう | 받다 |

| や | |
|---|---|
| 野球 | 야구 |
| 約束 | 약속 |
| 約束する | 약속하다 |
| 易しい | 쉽다 |
| 優しい | 착하다 |
| 安い | 싸다 |
| 安いです | 싸요, 쌉니다 |
| (学校の長い)休み | 방학 |
| 休む | 쉬다 |
| 薬屋 | 약국 |
| 八つ | 여덟 |
| 早く | 일찍 |
| 山 | 산 |
| 夕方 | 저녁 |
| 夕食 | 저녁 |
| 有名だ | 유명하다 |
| ユーモア | 유머 |
| 床 | 바닥 |
| 雪が降る | 눈이 오다 |
| ゆっくり | 천천히 |
| ゆっくり休む | 푹 쉬다 |
| ユンノリ | 윷놀이 |
| 夜明け | 새벽 |
| 良い | 좋다 |
| 〜(し)ようと思う | |
| | 려고/으려고 하다 |
| 〜(し)ようとする | |
| | 려고/으려고 하다 |
| 曜日 | 요일 |
| よく | 잘, 자주 |
| 横 | 옆 |

| 四つ | 넷 |
|---|---|
| 四つの | 네 |
| 呼ぶ | 부르다 |
| 読む | 읽다 |
| 予約する | 예약하다 |
| 余裕 | 여유 |
| ～より | ～보다 |
| よろしくお願いする | |
| | 잘 부탁드리다 |
| 四 | 사 |
| 四十 | 마흔 |

## ら

| ラーメン | 라면 |
|---|---|
| ライオン | 사자 |
| 来週 | 다음 주 |
| 来年 | 내년 |
| ラジオ | 라디오 |
| ㄹ変則用言 | ㄹ변칙용언 |
| リビング | 거실 |
| 留学 | 유학 |
| 流行 | 유행 |
| 寮 | 기숙사 |
| 料理 | 요리 |
| 料理する | 요리하다 |
| 旅行する | 여행하다 |
| りんご | 사과 |
| リンス | 린스 |
| ルームメイト | 룸메이트 |
| ～(す)ることができない | |
| | ～ㄹ/을 수 없다, |
| | 못 ～ |

| ～(す)ることができる | |
|---|---|
| | ～ㄹ/을 수 있다 |
| ～(す)るつもりです | |
| | ～ㄹ/을 거예요 ① |
| ～(す)るでしょう | |
| | ～ㄹ/을 거예요 ② |
| 르変則用言 | 르변칙용언 |
| 冷麺 | 냉면 |
| レポート | 리포트 |
| 連休 | 연휴 |
| 練習 | 연습 |
| 六 | 여섯, 육 |
| 六十 | 예순 |
| ロシア | 러시아 |

## わ

| ワイン | 와인 |
|---|---|
| わかめスープ | 미역국 |
| 分からない | 모르다 |
| 分かりました | 알겠습니다 |
| 分かる | 알다 |
| 忘れてしまった | 잊어버렸다 |
| 私 | 나, 저 |
| 私達 | 우리 |
| 私の | 내, 제 |
| 渡る | 건너다 |
| 割引 | 할인 |
| 割引が効く | 할인이 되다 |
| 割引される | 할인이 되다 |
| 悪い | 나쁘다 |

## を

| ～を | ～를/을 |
|---|---|

**■ 著者**

**■ 曺美庚**(チョ・ミギョン)

韓国生まれ。大阪大学大学院人間科学研究科博士後期課程修了。人間科学博士。
九州大学大学院准教授を経て、現在、阪南大学教授。
主な言語学関連論文として、「日本語の「タ」と韓国語の「았」の対照研究：心理的完了における語用論的側面を中心に」、「日本語と韓国語の過去・完了形式の対照語用論的研究：メンタル・スペース理論に基づく」、「「タ」のメンタル・スペース的解釈」ほか多数。
主な言語学関連学術著書に、『メンタル・スペース理論と過去・完了形式：日本語と韓国語の対照』(広島修道大学総合研究所出版)等がある。
その他の語学関連著書に、『韓国文化を読む』(共著、朝日出版社)、『韓国社会を読む』(共著、朝日出版社)、『大学生の外国語プレゼンテーション入門：基本スキルと8ヶ国語表現集』(共著、朝日出版社)等がある。

**■ 李希姃**(イ・ヒジョン)

韓国生まれ。延世大学校教育大学院外国語としての韓国語教育学修士。
延世大学校大学院韓国語教育情報学博士。
建国大学校言語教育院韓国語講師歴任。
九州大学大学院言語文化研究院外国人教師を経て、
現在、ソウル市立大学国際都市科学大学院韓国語講師。
主な著書に *2000 Essential KOREAN WORDS intermediate*(共著、DARAKWON)、『一緒に学ぶ建国韓国語1-1, 1-2』(共著、建国大学出版部)がある。

---

**キャンパス**
캠퍼스 한국어 **韓 国 語 第2版**

---

| 2007年 | 4月 | 25日 | 初版発行 |
|---|---|---|---|
| 2019年 | 11月 | 20日 | 第2版第1刷発行 |
| 2023年 | 10月 | 30日 | 第2版第5刷発行 |

著　者 | 曺美庚・李希姃
発行者 | 佐藤和幸
発　行 | 株式会社 白帝社
　　　　〒171-0014 東京都豊島区池袋 2-65-1
　　　　Tel. 02-3986-3271
　　　　Fax. 03-3986-3272(営) / 03-3986-8892(編)
　　　　https://www.hakuteisha.co.jp/

編　集 | 崔貞姫

印刷・製本 | ティーケー出版印刷

Printed in Japan
ISBN　978-4-86398-391-5
＊定価は表紙に表示してあります。